Dr Živko Marković

SAMOUPRAVLJANJE I AVANGARDA

Radnička štampa
Beograd, 1976.

Recenzenti
Dr RADOŠ SMILJKOVIĆ
Dr OBRAD PEJANOVIĆ

Izdavanje ove knjige pomogao je
Fond za naučno-istraživački rad
Veća Saveza sindikata Jugoslavije

UVOD

Odnos komunističke avangarde i samoupravljanja spada među najznačajnija pitanja socijalizma. Reč je, u stvari, o ulozi vodećih snaga društva u ostvarivanju suštine socijalizma. Zbog toga teorijsko razjašnjenje ovog pitanja ima poseban značaj za razvoj socijalizma u praksi.

U teoriji, međutim, odnosu komunističke avangarde i samoupravljanja nije posvećena odgovarajuća pažnja. Klasici marksizma nisu ga posebno razmatrali, a odbojnost koju je komunistički pokret decenijama ispoljavao prema samoupravljanju doprinela je da to pitanje dugo ostane van domena teorijske misli. Pošto je samoupravljanje izjednačio s anarhijom, staljinizam je odnos avangarde i samoupravljanja učinio za teoriju potpuno bespredmetnim.

I način na koji je samoupravljanje shvatano van komunističkog pokreta je, takođe, to pitanje najčešće činio bespredmetnim. Ukoliko su samoupravljanje i avangarda shvatani kao isključujuće suprotnosti, time je isključivana i potreba za teorijskim razmatranjem njihovog međusobnog odnosa. U najboljem slučaju, uloga avangarde je apstrahovana u shvatanju samoupravljanja, koje je obično zasnivano na apstraktno metafizičkom pristupu.

Nastanak samoupravljanja u Jugoslaviji učinio je odnos avangarde i samoupravljanja trajno aktuelnim pitanjem teorije i prakse socijalizma. Istorijsko iskustvo i u Jugoslaviji i u drugim zemljama pokazalo je da sudbina samoupravljanja umnogome zavisi od toga kako se prema njemu odnose vodeće snage društva. To iskustvo otkrilo je niz problema čija teorijska analiza može imati neprocenjiv značaj za razvoj socijalizma.

Već su klasici marksizma utvrdili da samoupravljanje čini suštinu socijalizma i da ono, prema tome, nije neki specifičan oblik već osnovno obeležje socijalističkog sistema. I u praksi su već uočljive tendencije da se samoupravljanje razvija kao univerzalni oblik transformacije klasnog u besklasno društvo. Ono je zakoniti put deetatizacije ljudskog društva i jedini izlaz iz »carstva nužnosti« u »carstvo slobode«. Zbog toga je teorijsko razjašnjavanje odnosa avangarde i samoupravljanja na liniji sagledavanja osnovnih zakonitosti socijalističkog razvoja društva.

Iskustvo je potvrdilo i teorijsku postavku da se samoupravljanje ne može uspostaviti dekretom, niti bilo kakvim političkim aktom, već da njegov razvoj predstavlja relativno dugotrajan proces društvene transformacije zasnovane na radikalnoj izmeni produkcionih odnosa. Suštinu tih promena čini uspostavljanje društvenog vlasništva, to jest neposrednog raspolaganja sredstvima proizvodnje od strane proizvođača. Takvi odnosi uspostavljaju se kroz diktaturu proletarijata kao neposrednu vlast radničke klase, čije ostvarivanje ne isključuje već, naprotiv, podrazumeva vodeću ulogu avangarde. Odnos avangarde prema radničkoj klasi sada se, u stvari, ispoljava kroz odnos prema samoupravljanju, čije naučno definisanje može, zbog toga, imati veliki značaj za ostvarivanje socijalističkih ciljeva.

Iz definicije samoupravljanja kao diktature proletarijata proističe da je osnovni nosilac njegovog razvoja radnička klasa, ali, s obzirom na to da se samoupravljanje razvija kao opštedruštveni sistem, celo društvo se objektivno pretvara u samoupravni pokret. Ovaj pokret mora se idejno i politički usmeravati sve do potpunog ostvarenja samoupravljanja. Iz toga proističe i potreba za komunističkom avangardom kao usmeravajućom snagom samoupravnog razvoja društva.

Uloga avangarde objektivno je određena zakonitostima ovog razvoja. Razlike u shvatanju uloge komunističke avangarde proističu, u suštini, iz različitih pogleda na samoupravljanje i mogućnosti njegovog razvoja. To pokazuje da naučno definisanje uloge avangarde u razvoju samoupravljanja ima za pretpostavku naučno definisanje puteva tog razvoja.

Ova uslovljenost proističe otuda što se smisao postojanja avangarde u uslovima samoupravljanja i sastoji u borbi za njegov razvoj. Kao što razvoj samoupravljanja, u suštini, znači nastavak socijalističke revolucije, tako i funkcija avangarde u tom razvoju znači nastavak njene revolucionarne uloge. Bez revolucionarnog delovanja komunistička avangarda gubi komunistička obeležja, a time i svoju klasnu poziciju, jer je smisao vodeće organizacije radničke klase u stalnoj borbi za komunističke ciljeve. Zbog toga se odnos komunističke avangarde prema samoupravljanju mora posmatrati kroz njenu ulogu u razvijanju samoupravljanja.

Iskustvo je potvrdilo inače logičnu pretpostavku da se ova uloga ne može ostvarivati na način kako se ostvarivala u borbi za preuzimanje vlasti. Menjanjem neposrednih ciljeva za koje se organizacija bori, mora da se menja i način delovanja da bi se ti ciljevi ostvarivali. Način političkog delovanja je u osnovi uvek određen klasnim ciljevima i društvenim uslovima u kojima se oni ostvaruju.

S obzirom na to da načinu delovanja odgovara određeni način organizovanja, razvoj samoupravljanja objektivno uslovljava promene i u organizovanju avangarde. Da bi ostvarivala svoju ulogu, avangarda mora da se organizuje drugačije nego u borbi za osvajanje vlasti. Između organizovanja samoupravnog društva i organizovanja komunističke avangarde postoji zakonita korelacija koja omogućava ostvarivanje vodeće uloge.

Odnos avangarde i samoupravljanja za sada se može kompleksnije izučavati uglavnom na jugoslovenskom iskustvu. Jugoslavija je jedina zemlja u kojoj je samoupravljanje počelo da se razvija kao integralni društveni sistem, ali je jugoslovensko iskustvo zanimljivo i zbog toga što predstavlja pionirski poduhvat u razvijanju novih društvenih odnosa. Ovo iskustvo je otkrilo mnoge probleme koji će se pojavljivati u razvoju samoupravljanja i u drugim zemljama. Ako se apstrahuju specifičnosti jugoslovenskog puta, ostaju problemi koji su zajednički i drugim zemljama.

Ali i same specifičnosti u samoupravnom razvoju različitih zemalja su relativne. One su objektivno određene uslovima u kojima se samoupravljanje razvija. A pošto su ovi uslovi manje ili više slični, to uslovljava manju ili veću podudarnost u samoupravnom razvoju različitih zemalja. U osnovi leže obeležja koja su zajednička svim zemljama i koja, u stvari, izražavaju suštinu njihovog samoupravnog razvoja.

To objektivno omogućava da se na iskustvu jedne zemlje utvrde osnovni pravci samoupravnog razvoja društva uopšte. Da bi se došlo do objektivnih saznanja potrebna je, međutim, dijalektička analiza koja će zahvatiti ukupne uslove i dugoročne trendove društvenog razvoja. Samo na taj način može se izvršiti objektivna diferencijacija uslova koji određuju različite puteve samoupravljanja.

Mogućnost takve analize proističe otuda što samoupravljanje predstavlja zakonitu fazu u razvoju ljudskog društva, koja je istorijski povezana sa svim prethodnim fazama. To je omogućilo da se i na osnovi analize samog kapitalističkog sistema izvuku naučni zaključci o neminovnosti samoupravljanja i osnovnim pravcima njegovog razvoja. Ukoliko se samoupravljanje više razvija, utoliko su veće i mogućnosti njegove naučne analize, ali je i sama ova analiza neophodna pretpostavka za razvoj samoupravljanja.

I

OBJEKTIVNA USLOVLJENOST SAMOUPRAVLJANJA
I ULOGA AVANGARDE
U NJEGOVOM NASTAJANJU

Samoupravljanje čini suštinu socijalizma kao prelaznog perioda iz klasnog u besklasno društvo. Karakter prelaznosti proističe otuda što se svi odnosi i institucije klasnog društva prevazilaze stvaranjem komunističkih odnosa među ljudima. Prevazilaženjem klasnih produkcionih odnosa prevazilazi se celokupna klasna nadgradnja uključujući državu kao aparat nasilja vladajuće klase. Ako samoupravljanje u suštini čini diktaturu proletarijata, onda ono po formi predstavlja odumiruću državu, jer se diktatura vladajuće klase može ostvarivati samo putem državne organizacije.

Zbog toga se samoupravljanje od početka razvija kao svetski sistem kojim se prevazilaze nacionalne i državne granice. Klice samoupravljanja nastaju već u kapitalizmu. Da bi ostvario veću produktivnost rada, kapitalista i sam daje radniku određena prava učešća u upravljanju i uvodi elemente raspodele prema radu. Samoupravljanje se, međutim, već u početku sukobljava s privatnosvojinskim odnosima, na kojima se ono ne može razviti u društveni sistem. Da bi se to postiglo nije, međutim, dovoljno ukinuti privatno, već je potrebno uspostaviti društveno vlasništvo.

S obzirom na to da se samoupravljanje razvija kao svetski sistem, njegovi društveno-istorijski koreni ne leže ni u jednoj posebnoj zemlji, već u ukupnim društvenim kretanjima. Samoupravljanje se neminovno javlja kao rezultat nemoći svetskog kapitalizma da obezbedi dalji porast proizvodnih snaga društva i produktivnosti ljudskog rada. Zbog toga je sasvim prirodno da se ono pojavljuje najpre u nerazvijenim zemljama, i to onim koje su relativno najviše uključene u međunarodnu podelu rada.

Prvi pokušaji uvođenja samoupravljanja u razvijenim zemljama ostali su bez uspeha iako je radnička klasa tamo bila i razvijenija i subjektivno spremnija da se za njega bori. Nasuprot tome, u pojedinim nerazvijenim zemljama samoupravljanje se objektivno nametnulo kao najpovoljnije rešenje za ubrzani razvoj proizvodnih snaga društva. Alžirsko samoupravljanje, kako primećuje Iv Sortan, »rodilo se u bazi, kad ga niko nije ni predviđao ni želeo, kao plod jedne izuzetne konjunkture.«[1]

Lenjin je došao do zaključka da lanac imperijalizma najpre puca tamo gde je najtanji, jer nerazvijene zemlje ne mogu da izdrže konkurenciju snažnijeg kapitala, usled čega dolazi do zaoštravanja klasnih protivrečnosti kao preduslova socijalističke revolucije. Ali društvo, da bi opstalo, mora najbrže i da jača tamo gde je najslabije, što je moguće samo ako se na tim punktovima razvijaju novi produkcioni odnosi koji obezbeđuju brži porast proizvodnih snaga u odnosu na razvijene zemlje. Činjenica da je u prvoj zemlji socijalizma nakon revolucije uspostavljen etatistički sistem može se objasniti pre svega time što je u datim međunarodnim uslovima takav sistem, po mogućnostima koje je pružao za razvoj proizvodnih snaga, mogao konkurisati privatnom kapitalu. Pretvaranje privatnog kapitala u državno vlasništvo omogućilo je njegovu maksimalnu koncentraciju i plansko usmeravanje, čime su stvorene značajne pretpostavke za ubrzani razvoj proizvodnih snaga. I čitav kapitalistički svet se, po sili ekonomskih zakona, kretao u istom pravcu, jer drugačijeg izlaza iz tržišne stihije nije bilo.

Etatizam kao sistem nije se razvio samo po volji birokratije već, pre svega, iz objektivne nužnosti. Sada je već sasvim evidentno da on predstavlja zakonit prelaz iz kapitalizma u socijalizam, bilo da je uspostavljen prinudnim ili ekonomskim ukidanjem privatnog vlasništva. Državno vlasništvo je, u stvari, prelazni oblik iz privatnog u društveno vlasništvo, i kao takvo sadrži obeležja i jednog i drugog. Formalno sredstva proizvodnje ne pripadaju nikome, a faktički njima raspolaže manji deo društva. Socijalizam u suštini nastaje tek razvlašćivanjem države, početak čega istovremeno označava i početak samoupravljanja.

Zakonitost da se novi društveni odnosi najpre pojavljuju na najslabijim tačkama postojećeg društva uslovljava da period etatizma u različitim zemljama različito traje. Zakon da u međusobnoj konkurenciji slabiji kapital podleže jačem važi i za etatizam. U uslovima kad se etatizam već razvio u svetskim razmerama, najnerazvijenije zemlje,

---

[1] ,,Samoupravljanje i radnički pokret" II, ,,*Komunist*", Beograd, 1973, str. 12.

koje su intenzivno uključene u međunarodnu podelu rada, nemaju drugog izlaza nego da traže nove puteve za razvoj produkcionih odnosa. Iz toga se često izvlači proizvoljan zaključak da samoupravljanje i odgovara samo nerazvijenim zemljama. Iskustvo, međutim, pokazuje: da koliko je samoupravljanje za pojedine zemlje jedini pravi izlaz iz nerazvijenosti, toliko ta nerazvijenost istovremeno otežava i objektivno usporava njegov razvoj. Činjenica što razvijene zemlje još zadržavaju etatistički sistem može se objasniti ne samo time što na njemu počiva ekonomska i politička moć vladajućih snaga u tim zemljama već, pre svega, time što on objektivno još može da se održava na bazi ekstraprofita koji razvijene zemlje izvlače na račun nerazvijenih. Ista sila koja vek etatizma skraćuje u nerazvijenim, produžava ga u razvijenim zemljama.

To će imati za posledicu da će razvoj samoupravljanja u nerazvijenim zemljama teći sporije i trajati duže nego u razvijenim. Samoupravljanje će u razvijenim zemljama zateći mnoge pretpostavke za svoj razvoj koje u nerazvijenim treba samo da stvara. Rezultat ukupnih kretanja biće prevazilaženje ogromnih razlika između razvijenih i nerazvijenih, što je neophodan uslov da se samoupravljanje razvije kao svetski sistem.

Samoupravljanje, prema tome, ne nastaje po proizvoljnom izboru, nego proističe iz objektivne nužnosti u razvoju društva. To, međutim, ne isključuje ulogu organizovanih subjektivnih snaga u njegovom nastajanju. Podela na objektivne i subjektivne faktore u razvoju društva je uslovna jer je, u krajnjoj liniji, sâm čovek nosilac tog razvoja. Objektivne zakonitosti u razvoju društva i deluju samo zajedničkom akcijom ljudi, koji, da bi mogli egzistirati, svesno stupaju u određene međusobne odnose, bilo da to čine dobrovoljno ili po nuždi.

Iz činjenice da su se pokušaji uvođenja samoupravljanja najčešće javljali spontano izvodi se proizvoljni zaključak da ono drugačije i ne može nastati. Time se odbacuje mogućnost da samoupravljanje može nastati po inicijativi bilo koje organizacije, pa i komunističke avangarde. U vezi s tim, u teorijskim raspravama se često postavlja pitanje da li se samoupravljanje uspostavlja »odozgo« ili »odozdo«, pri čemu se pod prvim pojmom obično podrazumeva organizovano a pod drugim spontano nastajanje samoupravljanja.

Pre svega, pojmovi »odozgo« i »odozdo« logički nisu identični s pojmovima »organizovano« i »spontano«. Moguće je da se inicijativa koja potiče »odozdo« sasvim organizovano sprovodi, a da se inicijativa »odozgo« uopšte ne sprovodi, i obratno. Identifikacija ovih pojmova je proizvod izokrenute klasne svesti zasnovane na hijerarhiji društvenih odnosa, kroz koju se posmatra celokupna društvena aktivnost. Ova hijerarhija dostiže svoj vrhunac u etatizmu, u kojem se svaka inicijativa koja potiče iz društvene baze, ili čak ako ne potiče samo sa vrha društvene piramide, smatra spontanom i neorganizovanom. Spontanitet i organizovanost su, međutim, samo različite strane svake društvene akcije. Spontana aktivnost je, u stvari, nepovezano individualno delovanje pojedinaca, a čim ono počinje da se povezuje, samim tim nastaje organizovana akcija. Prema tome, svaka organizovana akcija pretpostavlja spontano delovanje, a svako spontano delovanje teži da preraste u organizovanu akciju da bi postiglo određen društveni efekat.

Zbog toga ni jedan pokret ne može da nastane neorganizovano, bez povezivanja individualnih aktivnosti. Svi pokušaji uvođenja samoupravljanja za koje se smatra da su bili spontani pojavili su se, u stvari, u nekoj organizovanoj formi, samo što inicijator nije bila neka već postojeća organizacija. Istina, ovi pokušaji su često nastajali nezavisno jedan od drugog, ali su odmah težili povezivanju u jedinstven pokret, usled čega su i nailazili na tako odlučan otpor vladajućih snaga čije su interese ugrožavali.

Samoupravljanje, prema tome, može nastati samo kao rezultat organizovane akcije, što ne isključuje mogućnost da ono nastane i nezavisno od postojećih političkih organizacija, ili čak nasuprot njima. Paradoksalno je, međutim, što se samoupravni pokret u pojedinim zemljama javljao nasuprot komunističkoj partiji, što pokazuje da ili je sâm pokret bio preuranjen u odnosu na objektivne uslove, ili je partija napuštala svoju klasnu poziciju i delovala protiv interesa radničke klase. Nasuprot tome, samoupravljanje je u nekim zemljama nailazilo na podršku i prihvatano od nekomunističkih organizacija, koje su time faktički prelazile na pozicije radničke klase bez obzira na to kako su se prema njoj deklarativno odnosile.

Samoupravljanje se, inače, nigde nije ni moglo učvrstiti ako nije preraslo u opštedruštveni pokret i ako ga vodeće snage društva nisu prihvatile kao vlastiti program. Zbog toga je neosnovana kritika jugoslovenskog iskustva što je samoupravljanje inicirano i organizovano od komunističke partije. To, u stvari, predstavlja sasvim prirodan, iako ne i jedini put da se samoupravljanje konstituiše u opštedruštveni sistem. Što se samoupravljanje u Jugoslaviji relativno brzo učvrstilo kao opštedruštveni pokret, treba uveliko zahvaliti činjenici što je njegov idejni inspirator i politički organizator bila Komunistička partija kao glavna vodeća snaga društva.

Presudan značaj u opredeljivanju KPJ za samoupravljanje imalo je saznanje da etatizam nije rešenje ne samo za razvoj socijalističkih odnosa, nego ni za ubrzani ekonomski razvoj zemlje. Sukob s Informbiroom i totalna ekonomska blokada koja je iza njega sledila, mogli su to uverenje samo još više učvrstiti. Samoupravljanje se u takvim okolnostima ukazivalo kao najsigurniji izlaz, utoliko pre što ga je izvorni marksizam već definisao kao autentični oblik socijalizma.

To pokazuje da samoupravljanje u Jugoslaviji nije nastalo kao rezultat slučajnog i proizvoljnog opredeljenja Komunističke partije već da je, pre svega, objektivno uslovljeno. Komunistička partija je odigrala ulogu koja joj i inače pripada kao avangardi radničke klase: da prva shvati neophodnost samoupravljanja, pokrene i organizuje aktivnost na njegovom ostvarivanju. To je klasičan primer kako komunistička avangarda treba da se odnosi prema samoupravljanju i njegovom konstituisanju u društveni sistem.

Prigovor da je inicijativa za uvođenje samoupravljanja u Jugoslaviji potekla od rukovodstva a ne od članstva KPJ je neosnovan. Teorijski je logično pretpostaviti da se na čelu komunističke organizacije nalaze najprogresivniji članovi, od kojih je normalno očekivati revolucionarne inicijative, a praktično je KPJ u uslovima etatizma bila tako organizovana da inicijative članstva inače nisu mogle dolaziti do izražaja. U takvim uslovima nijedna inicijativa koju ne bi prihvatilo rukovodstvo organizacije ne bi imala izgleda da se pretvori u političku akciju. Bitno je, međutim, da je inicijativu za samoupravljanje prihvatila cela organizacija, i da je ona postala idejni inspirator i politički nosilac njegove realizacije.

Praktično su uopšte mali izgledi da samoupravljanje nastane kao rezultat inicijative članstva komunističke, ili bilo koje političke organizacije. U uslovima centralizovanog klasnog društva svaka politička organizacija se organizuje (i objektivno mora da se organizuje) centralistički, da bi efikasno delovala. Ni komunistička partija ne predstavlja u tom pogledu izuzetak, jer i pri osvajanju vlasti njeno rukovodstvo igra odlučujuću ulogu u delovanju organizacije. I kad se samoupravljanje pojavljivalo, bilo po inicijativi partije ili nezavisno od nje, članstvo nigde nije imalo odlučujuću ulogu u opredeljivanju organizacije. Potreba za stvarnom demokratizacijom komunističke avangarde objektivno se javlja tek sa nastajanjem samoupravljanja.

Zbog toga su nerealna očekivanja da će se prethodno stvoriti tako demokratizovana komunistička organizacija koja će putem neposredne inicijative članstva pokrenuti akciju za samoupravljanje. Ali uzroci koji izazivaju društvene krize dovode do kriza i u političkim organizacijama. Da bi izišla iz krize, organizacija mora da menja opredeljenja i pravce akcije, čime obično dolazi i do promena u njenom rukovodstvu.

13

Opredeljenje za samoupravljanje je prvi uslov da se komunistička organizacija stavi na čelo samoupravnog pokreta i zadrži ili preuzme vodeću ulogu u društvu. Ona sama za sebe ne može, međutim, činiti taj pokret, koji po prirodi ciljeva za koje se bori mora imati opštedruštveni karakter. Da bi svi članovi samoupravne zajednice neposredno učestvovali u odlučivanju o zajedničkim uslovima života i rada, neophodno je da se za to svi organizovano i bore. To podrazumeva takvu opštedruštvenu organizaciju čijim će se delovanjem iznutra, tj. neposrednom akcijom samih članova samoupravne zajednice, prevazilaziti socijalne razlike i klasne protivrečnosti.

Ovo prevazilaženje može se vršiti samo na bazi interesa radničke klase i putem ostvarivanja njenih istorijskih ciljeva. Zbog toga je neophodno da unutar opštedruštvenog samoupravnog pokreta deluje komunistička avangarda kao usmeravajuća idejno-politička snaga. S obzirom na to da samoupravni pokret po svojoj prirodi predstavlja demokratsku organizaciju, avangarda ga može usmeravati jedino ako i sama deluje demokratski, tj. neposrednom akcijom celokupnog članstva.

Nastanak samoupravljanja označava duboke revolucionarne promene u razvoju društva. Ove promene predstavljaju, međutim, relativno dugotrajan proces, zbog čega se samoupravljanje može označiti kao permanentna revolucija, ili kao revolucija u evoluciji. Samoupravljanje, u stvari, označava kraj velikim i naglim skokovima u menjanju društvenih odnosa i početak takvog društvenog razvoja koji predstavlja kontinuirano prožimanje evolutivnih i revolucionarnih promena.

Zbog toga se pitanje odnosa avangarde i samoupravljanja postavlja kao dugoročan problem. Samoupravljanje se kao sistem ne može ni proglasiti ni uspostaviti, već se mora razvijati putem neprekidne i dugotrajne društvene akcije. Zato se odnos avangarde prema samoupravljanju u suštini izražava kroz njenu ulogu u razvoju samoupravljanja.

II

ULOGA AVANGARDE
U RAZVOJU SAMOUPRAVLJANJA

Osnovni smisao postojanja avangarde u samoupravnom društvu je borba za njegov kontinuirani razvoj. Samoupravljanje nije krajnji cilj, već put do potpunog oslobođenja radničke klase. Zbog toga je njena avangarda, po prirodi svoje klasne pozicije, pozvana da se bori za potpuno prevazilaženje svih oblika klasne vladavine. Otuda je uloga avangarde u osnovi određena istim faktorima kojima je određen i razvoj samoupravljanja.

Poznavanjem ovih faktora je uveliko određeno i shvatanje samoupravljanja i uloge avangarde u njegovom razvoju. Kad bi se potpuno samoupravljanje moglo odjednom uspostaviti, samim tim prestala bi potreba za daljim postojanjem avangarde, ali bi to istovremeno bio i kraj samoupravljanja, jer potpuno samoupravljanje već predstavlja komunizam kao apsolutnu negaciju klasnog društva. Samoupravljanje ne može egzistirati kao nepromenljivo društveno stanje, već samo kao istorijski *proces* transformacije klasnog u besklasno društvo.

Negiranje uloge avangarde u samoupravnom društvu gnoseološki se upravo i zasniva na idealističkom shvatanju samoupravljanja kao stanja čijim se nastajanjem već stvaraju uslovi za potpunu društvenu slobodu. S obzirom na prirodnu ljudsku težnju za punom slobodom, takvo shvatanje može u određenim uslovima biti vrlo prijemčivo, ali pošto je neostvarljivo, ono samoupravni pokret može odvesti na stranputicu. U početnoj fazi nastajanja i razvoja samoupravljanja idealizam i utopizam i inače predstavljaju ozbiljnu opasnost. Pri rađanju samoupravnih pokreta u pojedinim zemljama redovno je, zbog idealističkog shvatanja samoupravljanja, dolazilo do manjih ili većih zastranjivanja koja su slabila snagu pokreta.

Idealističko shvatanje samoupravljanja kao potpune društvene slobode nalazi svoj praktični izraz u anarhističkim tendencijama. Pošto klasne protivrečnosti još nisu prevaziđene, različite težnje za potpunom slobodom neizbežno dolaze u sukob koji prouzrokuje anarhiju u društvenim odnosima. Takve tendencije ne mogu, međutim, da se pretvore u trajno društveno stanje, jer u sukobu različitih društvenih snaga uvek nadjačavaju one najjače, koje teže da uspostave vlastitu dominaciju nad društvom.

Na taj način anarhističke tendencije podstiču zaoštravanje klasnih protivrečnosti koje, ukoliko se ne nalazi samoupravni put za njihovo razrešavanje, vode jačanju etatizma. Anarhističke devijacije u samoupravnom pokretu redovno su za protivreakciju imale jačanje etatističkih tendencija. Analogno tome, i negiranje društvene uloge avangarde pothranjivalo je težnje za reafirmacijom funkcija koje ona, po prirodi svoje pozicije, ima u etatističkom sistemu.

Prelazak iz etatizma u samoupravljanje uslovljava, međutim, radikalne promene u društvenoj ulozi avangarde. Dok se u etatizmu avangarda bori za osvajanje i učvršćivanje vlasti u ime klase, u samoupravnom društvu njena aktivnost je usmerena na ostvarivanje neposredne vlasti klase, koje, u stvari, znači odumiranje vlasti uopšte. Ukoliko se ovaj cilj ostvaruje, utoliko se uporedo sa promenom uloge istovremeno menjaju društveni uslovi i način delovanja avangarde.

Odlučujući činilac ovih promena je razvoj socijalističkih produkcionih odnosa, koji se izražava pre svega kroz pretvaranje državnog u društveno vlasništvo. Na tome se zasnivaju promene u ukupnim društvenim odnosima, pa i u društvenom položaju i ulozi avangarde. Otuda razvoj socijalističkih produkcionih odnosa u osnovi određuje pravac i tempo razvoja samoupravnog sistema u celini.

Razvoj produkcionih odnosa ne teče, međutim, sam po sebi, niti za sobom automatski povlači razvoj ostalih odnosa. Glavnu pokretačku snagu razvoja čini borba protivrečnosti između proizvodnih snaga i produkcionih odnosa u kojoj organizovani proizvođač ima odlučujuću ulogu. I revolucionarna uloga komunističke avangarde kao usmeravajuće snage samoupravnog pokreta ostvaruje se, pre svega, borbom za kontinuirani razvoj socijalističkih produkcionih odnosa.

Ova borba ima sasvim drugačiji karakter od borbe za ukidanje privatnog i uspostavljanje državnog vlasništva. Ako nije izvršeno ekonomskim putem, pretvaranje privatnog vlasništva u državno vrši se političkim dekretom za koji je potrebno samo posedovanje vlasti. Da bi izvršila ovaj revolucionarni čin, avangarda, prema tome, treba samo da osvoji vlast i da tako reći preko noći uspostavi državno vlasništvo nad sredstvima proizvodnje.

Nasuprot tome, pretvaranje državnog u društveno vlasništvo je dugotrajan proces koji se odvija putem odumiranja državne vlasti. Potrebno je da radnička klasa i cela samoupravna zajednica potpuno ovlada uslovima, sredstvima i rezultatima rada da bi se do kraja uspostavilo društveno vlasništvo nad sredstvima proizvodnje. To zahteva dugotrajnu i kontinuiranu društvenu akciju same klase i svih socijalističkih snaga, kojom će se neprekidno uspostavljati i definitivno uspostaviti podjednak odnos svih članova samoupravne zajednice prema sredstvima proizvodnje. Ali potpuno jednak odnos svih prema sredstvima proizvodnje već znači negaciju vlasništva uopšte, pa i društvenog vlasništva.

Prema tome, društveno vlasništvo u stvarnosti egzistira samo kao odumiruće vlasništvo, ili, tačnije, kao privatno vlasništvo u procesu odumiranja, jer vlasništvo nad sredstvima proizvodnje u suštini i znači njihovu privatizaciju. Taj se proces može odvijati samo borbom protiv svih oblika privatizacije, u kojoj avangarda mora da prednjači kako u traženju idejnih rešenja za nove odnose, tako i u njihovom praktičnom ostvarivanju. S obzirom na to da se socijalistički produkcioni odnosi mogu razvijati samo neposrednom i organizovanom akcijom samih proizvođača, avangarda je pozvana da svojim delovanjem povezuje i usmerava ovu akciju.

Na pogrešnom shvatanju nastanka društvenog vlasništva se i zasniva idealistički pogled na samoupravljanje koji negira ulogu avangarde. Društveno vlasništvo se već u početnoj fazi samoupravljanja često shvata kao »svačije i ničije«, odnosno kao potpuno slobodno raspolaganje sredstvima proizvodrje od strane proizvođača. Svoj praktični izraz takvo shvatanje obično nalazi u tendencijama uspostavljanja grupnog vlasništva, koje vuku u anarhiju jer pretpostavljaju dezintegraciju društvene zajednice, što je u direktnoj suprotnosti s objektivnim tendencijama sve veće integracije svetske privrede.

Grupno vlasništvo je samo početni oblik negacije privatnog vlasništva i ono se pojavljuje već u kapitalizmu. Ali ni u kapitalizmu ono ne može da izdrži konkurenciju državnog vlasništva, koje omogućava mnogo veću i bržu koncentraciju kapitala. Zbog toga grupno vlasništvo, ako je zatečeno u socijalizmu, mora da se prevazilazi, jer objektivno postaje kočnica razvoju i proizvodnih snaga i socijalističkih produkcionih odnosa.

Na tendencijama uspostavljanja grupnog vlasništva zasniva se svođenje samoupravljanja na decentralizaciju državne vlasti. Da bi radne organizacije mogle potpuno slobodno raspolagati sredstvima koja koriste, na njih bi se morala preneti sva prava odlučivanja o tim sredstvima. Otuda iz takvih tendencija proističu samo zahtevi za što većom decentralizacijom nadležnosti u raspolaganju državnim sredstvima. U Jugoslaviji su se dosta dugo ispoljavale tendencije za što većom autonomijom radnih i društveno-političkih zajednica uz što manje obaveza prema društvenoj zajednici kao celini, što je vodilo samo decentralizaciji državne vlasti bez istovremenog razvijanja samoupravnih odnosa.

Ako avangarda podleže ovim tendencijama, one se ispoljavaju i u njenom vlastitom delovanju. Borba za grupno vlasništvo čini da pojedini delovi organizacije zauzimaju partikularističke pozicije i suprotstavljaju se jedni drugima kad god dođe do sukoba pojedinih delova društvene zajednice. Na taj način avangarda počinje da se utapa u društvenu stihiju i, samim tim, gubi vodeću ulogu u društvu.

Pošto decentralističke tendencije vuku ka dezintegraciji društvene zajednice, one neizbežno dolaze u sukob s objektivnim zakonitostima društvenog razvoja, koje vode sve većoj integraciji. Ako se ne nalazi samoupravni put društvene integracije ponovo dolazi do jačanja etatističkog centralizma, jer delovi društvene zajednice objektivno ne mogu da egzistiraju izolovano i u stalnom međusobnom sukobljavanju. Pošto i centralističke i decentralističke tendencije vuku nazad, jedini izlaz iz tog sukoba je razvoj samoupravnog sistema, koji podrazumeva da ne samo avangarda već samoupravni pokret u celini deluje kao integrativna snaga samoupravne zajednice, suprotstavljajući se istovremeno i centralističkim i decentralističkim tendencijama.

Osnovu samoupravnog sistema čini neposredno upravljanje proizvođača sredstvima proizvodnje, koje podrazumeva slobodno udruživanje rada. To, međutim, ne znači da organizacija udruženog rada sama, nezavisno od drugih organizacija i društvene zajednice u celini, raspolaže sredstvima koja upotrebljava. Ako se privreda integriše, raspolaganje sredstvima proizvodnje sve više dobija opštedruštveni karakter. Ne samo organizacija udruženog rada već i nacionalna zajednica, objektivno, sve manje mogu same da ovladavaju sredstvima proizvodnje. Zbog toga povezivanje na bazi zajedničkog raspolaganja sredstvima, koje se razvija u svetski proces, sve više postaje objektivna nužnost.

Samoupravni pokret, a pogotovu njegov vodeći deo, moraju u borbi za ovo povezivanje da se izdižu iznad lokalnih i nacionalnih ograničenosti i da svesno rade na njihovom prevazilaženju. Neograničeno povezivanje na bazi zajedničkog raspolaganja sredstvima proizvodnje upravo i čini osnovu internacionalizma, koji je bitno obeležje komunističkog pokreta. Nasuprot tome, lokalizam i nacionalizam po svojoj prirodi isključuju takvo povezivanje.

Podruštvljavanje i internacionalizacija društvene svojine objektivno su uslovljeni međunarodnom podelom rada, koja nastaje kao zakonit

18

rezultat automatizacije i specijalizacije proizvodnje. Podela rada dovodi proizvođače društvenih dobara u sve veću međusobnu zavisnost i time ih objektivno tera na povezivanje i zajedničko raspolaganje sredstvima proizvodnje. Na taj način vlasništvo sve više gubi značaj koji je za proizvodnju imalo u klasnom društvu.

Neosnovano je, prema tome, mišljenje da se samoupravljanje i automatizacija proizvodnje međusobno isključuju, te da zbog toga samoupravljanje ne odgovara ekonomski razvijenim zemljama. To bi bilo tačno kad bi se samoupravljanje zasnivalo na grupnom vlasništvu, koje zaista dolazi u sukob s automatizacijom. Ali društveno vlasništvo otvara mogućnosti za kompleksnu automatizaciju u svetskim razmerama, koja je nespojiva s najamnim odnosom proizvođača.

Automatizacija, koja počinje da se razvija u uslovima privatnog i državnog vlasništva, neizbežno dolazi u sukob s najamnim odnosom proizvođača i objektivno uslovljava njegovo ukidanje. Ukidanjem podele rada u procesu proizvodnje ona istovremeno ukida i društvenu podelu na proizvođače i upravljače. Zbog toga borba za automatizaciju proizvodnje i tehnički progres uopšte mora predstavljati nerazdvojni deo revolucionarne aktivnosti avangarde i samoupravnog pokreta u celini.

Međusobna zavisnost u procesu proizvodnje i razmene društvenih dobara, na kojoj se zasniva društveno vlasništvo, zahteva samoupravno regulisanje međusobnih odnosa putem ravnopravnog i neposrednog dogovaranja zainteresovanih subjekata. To podrazumeva kako zajedničko iznalaženje rešenja za prevazilaženje protivrečnosti između različitih interesa, tako i uzajamnu odgovornost za ostvarivanje postignutih dogovora. Avangarda mora svoje delovanje usmeriti na to da se ova rešenja traže na liniji interesa radničke klase, čijim se ostvarivanjem jedino i obezbeđuje društveni progres.

Osnovu za razrešavanje protivrečnosti između različitih interesa na liniji interesa radničke klase predstavlja princip socijalističke raspodele prema radu. Osnovni kriterijum zajedničkog raspolaganja društvenim sredstvima jeste da u raspodeli društvenih dobara svako učestvuje u srazmeri u kojoj i doprinosi njihovom stvaranju. Pošto svako svojim radom, manje ili više, doprinosi stvaranju društvenih sredstava, svako treba da učestvuje i u raspolaganju tim sredstvima, pa i u raspodeli dohotka koji se njihovom upotrebom ostvaruje.

Odsustvo organizovane društvene akcije na razvijanju socijalističke raspodele prema radu ostavljalo je u početnoj fazi samoupravljanja u Jugoslaviji širok prostor za ispoljavanje grupnosopstveničkih tendencija. Parcijalna aktivnost unutar radnih organizacija samo je potpomagala ove tendencije i doprinosila stvaranju deformacija u društvenoj raspodeli, jer je svako svoj dohodak ostvarivao nezavisno od drugih, i često na račun drugih učesnika u procesu društvene reprodukcije. To je uticalo da se i organizacije Saveza komunista okreću prvenstveno interesima svoje radne organizacije a da zapostavljaju klasni interes.

Ukoliko raspodela prema radu nije prelazila granice radne organizacije, utoliko je odlučujuću ulogu u društvenoj raspodeli zadržavala država. Ukupan doprinos stvaranju društvenih sredstava i ostvarivanju nacionalnog dohotka nije uziman za osnovu raspodele, koja je regulisana državnim instrumentima i posredstvom tržišta. Tek su Ustavom SFRJ iz 1974. godine stvorene institucionalne pretpostavke da ukupan radni doprinos, koji se daje tekućim i minulim radom, postane osnova sticanja i raspodele dohotka u opštedruštvenim razmerama.

Takav način raspodele podrazumeva da svi članovi samoupravne zajednice zajednički raspolažu svim društvenim sredstvima, umesto da svako za sebe raspolaže samo onim delom sredstava koja neposredno stvara i upotrebljava. To je upravo odlučujući uslov da se samoupravljanje razvija kao integralni društveni sistem i da samoupravne snage, uključujući avangardu, deluju kao jedinstveni pokret. Zbog toga je neosnovano shvatanje koje društveno vlasništvo tretira kao vlasništvo same radničke klase ili proizvođača koji neposredno rade na društvenim sredstvima proizvodnje.

Vlasništvo radničke klase   :edstvima proizvodnje ne može se uspostaviti a da se istovremeno ne ɪɪɪ̈пostavi vlasništvo cele društvene zajednice. Objektivno je nemoguć   radnička klasa poseduje bilo kakav monopol u društvu, pa ni monopol na raspolaganje sredstvima proizvodnje. Jedini put njenog oslobođenja je ukidanje svakog monopola i stvaranje opštedruštvene jednakosti, koja se ne može postići bez uspostavljanja jednakog odnosa svih članova društvene zajednice prema sredstvima proizvodnje.

To je istovremeno put za ukidanje klasnih suprotnosti i prevazilaženje klasnih razlika uopšte. Svoju ulogu u tome avangarda može uspešno ostvarivati samo ako se za socijalističke ciljeve bori u svim slojevima društva, radi čega mora da okuplja najrevolucionarnije snage i izvan radničke klase. Objektivna mogućnost da i pripadnici drugih društvenih grupa staju na pozicije radničke klase sadržana je u činjenici da oslobođenje rada odgovara interesima svih stvaralačkih snaga društva. I pošto put do potpunog oslobođenja rada vodi kroz samoupravljanje, samoupravni pokret se od početka razvija kao opštedruštveni pokret. Utoliko je i avangarda radničke klase, kao najrevolucionarniji deo samoupravnog pokreta, istovremeno vodeća snaga društva.

Borba za oslobođenje rada je u suprotnosti s tendencijama pretvaranja državnog vlasništva u grupno. Grupno vlasništvo još podrazumeva tržišnu stihiju kao preovlađujući oblik društvene razmene, posredstvom koje se neminovno vrši otuđivanje rada. Ukoliko, međutim, tržišna stihija dolazi u sukob s načinom proizvodnje, i ako se put za prevazilaženje tog sukoba ne pronalazi u razvoju samoupravnog sistema, država se sama po sebi nameće kao regulator društvene razmene

Sukob grupnovlasničkih i državnovlasničkih tendencija izražava se kroz suprotstavljanje slobodnog tržišta i državnog planiranja. Iz identifikovanja društvenog vlasništva sa državnim ili grupnim vlasništvom izvlače se apsolutno neodrživi zaključci da socijalizam potpuno isključuje bilo tržišnu razmenu bilo planiranje. Ukoliko se osnova samoupravljanja traži u grupnom vlasništvu, tržišna stihija se ističe kao jedina alternativa državnom planiranju.

Tržišna razmena i planiranje su, u stvari, nerazdvojne suprotnosti. Nigde i nikada nije postojalo niti će postojati takvo tržište koje potpuno isključuje svako planiranje, niti je objektivno moguće neko planiranje koje sasvim isključuje tržišnu razmenu. Planiranje upravo i proističe iz potrebe za savladavanjem ili prevladavanjem tržišne stihije, a takva potreba nastaje već pojavom tržišne privrede. Razlika je samo u tome što u klasičnom kapitalizmu planiranje zbog ograničenosti privatnog vlasništva ne prelazi »zidove« fabrike, dok već u državnom kapitalizmu dobija opštedruštvene razmere.

Prednost takozvanog državnog socijalizma nad kapitalizmom i jeste u tome što na bazi administrativne koncentracije sredstava planski reguliše odnose u celokupnoj proizvodnji i raspodeli, i time do kraja prevladava stihiju na unutrašnjem tržištu. Ali, državno planiranje već na prvom koraku dolazi u sukob s objektivnim zakonima tržišta jer veštački usmerava kretanje viška vrednosti. Ova izveštačenost proističe iz neodređenosti državnog vlasništva, koje nije ni privatno ni društveno, odnosno delimično je i jedno i drugo.

Zajedničko raspolaganje društvenim sredstvima po svojoj prirodi podrazumeva plansko regulisanje proizvodnje i razmene, ali na bazi striktnog uvažavanja objektivnih ekonomskih zakona. Objektivnu osnovu planiranja čini zajednički interes potrošača i proizvođača, koji se utvrđuje putem samoupravnog dogovaranja zainteresovanih subjekata. Pošto su interesi različitih subjekata često protivrečni, avangarda se mora boriti da se ove protivrečnosti razrešavaju na liniji interesa radničke klase.

Samoupravno planiranje ne ukida tržišnu razmenu, već samo menja njen karakter. Sve dok postoji društvena podela rada i relativna oskudica društvenih dobara, tržišna razmena je neophodna. Prevazilaženjem društvene podele rada tržište samo po sebi odumire, ali taj proces teče postupno. Kada potpuno nestane društvene podele rada i kad se u svetskim razmerama ostvari izobilje društvenih dobara nestaće i tržišta, ali tada ni planiranje neće biti potrebno.

Tendencije uspostavljanja grupnog vlasništva i tržišne stihije čine osnovu za jačanje tehnokratizma i menadžerstva. Teza da su samo stručnjaci sposobni da upravljaju privredom ima za pretpostavku grupno vlasništvo. Ako takvo vlasništvo postoji, onda uglavnom od snalažljivosti stručnih službi i rukovodstva radne organizacije zavisi kako će ona prolaziti na tržištu. Menadžerstvo se tada samo po sebi nameće kao najefikasniji metod za sticanje što većeg dohotka, i ono, zbog toga, dominira i nad organima samoupravljanja i nad političkim organizacijama. I partijske organizacije u tom slučaju lako podležu iskušenjima i pretvaraju se u instrumenat tehnokratske vladavine.

Zajedničko raspolaganje sredstvima proizvodnje podrazumeva ravnopravno odlučivanje svih članova samoupravne zajednice o uslovima i rezultatima vlastitog rada, čime se rukovodeća uloga stručnjaka ograničava na sferu tehnologije i organizacije proizvodnje. To ne isključuje mogućnost i potrebu da stručnjaci aktivno učestvuju u pripremanju samoupravnih odluka, ali samo odlučivanje ne može biti ničiji monopol, jer osnovna karakteristika samoupravnog odlučivanja i jeste *neposredno* izražavanje *zajedničkog* interesa. Takvo odlučivanje objektivno usmerava društvenopolitičke organizacije, pa i komunističku avangardu. na traženje zajedničkog interesa samoupravljača, tako da one deluju kao faktor društvene integracije, što i čini jedno od osnovnih obeležja njihove uloge u samoupravnom sistemu.

Nasuprot tome, grupnosopstveničke tendencije nalaze praktični izraz u partikularizmu, koji vuče ka dezintegraciji društvene zajednice. Svako teži da ostvari samo vlastiti interes bez obzira na interese drugih delova društvene zajednice, što i političke organizacije objektivno vuče na slično ponašanje.

Partikularizam nalazi ideološki oslonac u idealističkom shvatanju društvene ravnopravnosti, koja se identifikuje sa društvenom jednakošću, iz čega se izvodi zaključak o pravu na podjednako zadovoljavanje svih interesa. Na osnovi toga se uloga samoupravnog odlučivanja u suštini svodi na usklađivanje različitih interesa, pri čemu se potpuno apstrahuje činjenica da u samoupravnom društvu još postoje nepomirljivi klasni interesi koji se objektivno ne mogu uskladiti. Ovakvi interesi nestaće tek u komunizmu, ali će tada i samoupravno dogovaranje postati suvišno. Kad se ostvari potpuna društvena jednakost, onda objektivno nestaje potreba za bilo kakvim upravljanjem, jer svako upravljanje znači nekakvo pokoravanje i nekakvo ograničavanje društvene slobode.

Samoupravnim dogovaranjem mogu se usklađivati samo oni interesi koji su na liniji interesa radničke klase, ali se samoupravljanje ne svodi na prosto usklađivanje različitih interesa. Njegova suština je u tome da putem neposrednog demokratskog odlučivanja obezbedi društvenu dominaciju interesa radničke klase. Zbog toga je ono kao društveni sistem moguće samo tamo i utoliko gde se i ukoliko se interes radničke klase objektivno podudara s interesom većine društva.

Dominacija interesa radničke klase, kao i svaka druga dominacija, podrazumeva potiskivanje svih suprotnih interesa. Po tome samoupravljanje predstavlja u suštini diktaturu radničke klase, kao što i vladavina svake druge klase ima karakter diktature. Razlika je, međutim, u tome što se samoupravljanje kao neposredna vlast radničke klase ostvaruje diktaturom većine nad manjinom, zbog čega samoupravni sistem mora, za razliku od svih drugih sistema, da se konstituiše i funkcioniše na principu *demokratskog* centralizma.

Time je bitno određena i uloga avangarde u samoupravnom društvu. Ona je pozvana da se dosledno bori za interese radničke klase suprotstavljajući se istovremeno svim drugim klasnim interesima. Na taj način ona, sve dok postoji, deluje kao revolucionarno oruđe diktature proletarijata, a mora postojati sve dok postoji i sama diktatura proletarijata.

Svođenjem samoupravljanja na usklađivanje različitih interesa uloga avangarde svodi se na traženje kompromisa, čime se u suštini negira klasni karakteri samoupravljanja i avangarde. U tome je sadržana polazna osnova takozvanog liberalističkog shvatanja samoupravljanja, koje praktični izraz može naći jedino u anarholiberalizmu. Pošto svi interesi ne mogu da se usklade dolazi do sukobljavanja, koja stvaraju anarhoidno stanje i u društvu i u avangardi. Zbog toga samoupravljanje svedeno na usklađivanje različitih interesa traži dopunu u klasičnoj državi kao arbitru u razrešavanju društvenih sukoba. Na tome je zasnovano shvatanje o koegzistenciji države i samoupravljanja, kojim se opravdava zadržavanje klasičnih funkcija države.

Ukoliko se negira klasni karakter samoupravljanja, samim tim negira se njegova suština kao diktature proletarijata. Svođenjem na usklađivanje različitih interesa, samoupravljanje se potpuno lišava oslanjanja na nasilje i ograničava na dobrovoljno sporazumevanje. Zbog toga se zadržavanje klasičnih funkcija države motiviše ne samo potrebom razrešavanja društvenih sukoba već i potrebom zaštite samoupravljanja.

Dualizam u organizovanju društva objektivno vuče na dualizam i u delovanju avangarde. Ona treba, s jedne strane, da usmerava rad državnog aparata koji se po prirodi svoje funkcije postavlja iznad društva, a, s druge strane, da se angažuje na traženju rešenja koja će dobrovoljno prihvatati svi subjekti samoupravnog sporazumevanja. To organizaciju avangarde vuče u pragmatizam — na svakodnevno arbitriranje u sučeljavanju različitih parcijalnih interesa, gde praktično prestaje njeno revolucionarno delovanje.

Zbog toga se koegzistencija države i samoupravljanja ne može održati kao trajno društveno stanje. Postavljajući se iznad društva, država se istovremeno postavlja iznad samoupravljanja ograničavajući njegov razvoj. Ona ne samo što ne ukida društvene suprotnosti, već ih samim svojim postojanjem stalno reprodukuje. Kao jedan od izvora tih suprotnosti država i sama mora da bude ukinuta, ali se njeno ukidanje može vršiti samo postupno, putem odumiranja.

Samoupravljanje, u stvari, i nije ništa drugo nego odumiruća država. Kao diktatura proletarijata samoupravljanje mora da se oslanja na nasilje, jer se bez oslanjanja na nasilje diktatura uopšte ne može ostvarivati. A pošto se diktatura vladajuće klase uvek ostvaruje putem države, i samoupravljanje je jedan od oblika državne organizacije društva, iako ono, kao odumiruća država, predstavlja sasvim specifičan oblik te organizacije.

Prelaz od klasične države na samoupravljanje ne karakteriše, prema tome, potpuno napuštanje nasilja, nego pretvaranje posredne demokratije u neposrednu. A pošto je svaka demokratija u suštini diktatura vladajuće klase, znači da se ni neposredna demokratija kao diktatura proletarijata ne može ostvariti bez oslanjanja na nasilje. To ne isključuje mogućnost da se određene odluke donose uz opštu saglasnost, koja oslanjanje na nasilje čini potpuno suvišnim. Ukoliko se više prevazilaze klasne suprotnosti utoliko takva mogućnost postaje sve realnija, pa se i potreba za oslanjanjem na nasilje sve više smanjuje. Ali sve dok postoji, nasilje mora biti u direktnoj funkciji *samoupravnog* razrešavanja društvenih suprotnosti, što podrazumeva da instrumentima nasilja, umesto posebnog aparata, neposredno raspolaže samoupravna zajednica.

Samoupravljanju, zbog toga, nije potrebna nikakva spoljašnja zaštita. U stvari, njega niko drugi ne može ni zaštititi do sam naoružani narod kao neposredni nosilac vlasti. Kao diktatura proletarijata, samoupravljanje ne samo što može da razrešava društvene sukobe nego ono, i jedino ono, vodi potpunom prevazilaženju svih klasnih suprotnosti.

Shvatanje o koegzistenciji države i samoupravljanja u Jugoslaviji se pojavilo u vreme dok samoupravljanje još nije prelazilo okvire radnih organizacija i kad su etatistički odnosi još činili osnovu društveno-ekonomskog i političkog sistema. Ustavom iz 1974. godine samoupravljanje je institucionalno uspostavljeno kao opštedruštveni sistem, čime je u osnovi ukinuta klasična državna organizacija, a nasilje kojim je ona raspolagala stavljeno u službu samoupravne organizacije društva. Time, međutim, nije automatski otklonjena opasnost od podržavljenja samoupravnih institucija, jer se stvarno odumiranje države vrši onoliko koliko radni ljudi faktički ovladavaju uslovima, sredstvima i rezultatima svoga rada.

To ovladavanje može se ostvarivati samo organizovanom borbom svih radnih ljudi protiv snaga koje nastoje da zadrže povlašćene pozicije. Avangarda se, po svojoj funkciji, mora nalaziti u središtu ove borbe. Njena je uloga da idejno osvetljava puteve samoupravnog razvoja društva i da svojim revolucionarnim delovanjem sve radne ljude mobiliše u borbi za socijalističke ciljeve.

Idealističkim shvatanjem samoupravljanja kao potpuno dobrovoljnog sporazumevanja, potreba za revolucionarnom ulogom avangarde se, međutim, isključuje. Takvo shvatanje ima za pretpostavku automatizam u ostvarivanju samoupravljanja, jer polazi od toga da se samoupravni odnosi uspostavljaju samim institucionalnim promenama i da sâm interes samoupravljača automatski obezbeđuje dobrovljno sporazumevanje. Pod takvim pretpostavkama zaista postaje izlišna revolucionarna uloga avangarde.

U početnoj fazi razvoja samoupravljanja, u Jugoslaviji je pod uticajem iluzija o automatizmu prenaglašavana idejno-vaspitna, a potcenjivana politčko-organizatorska uloga Saveza komunista. Šesti kongres KPJ, održan 1952. godine, izrazio je shvatanje da »razvitak društvenih odnosa u pravcu sve većeg neposrednog radničkog upravljanja i sve demokratskijih oblika vlasti određuje kao osnovnu dužnost i ulogu komunista — politički i ideološki rad na vaspitanju masa«.[2] U praksi je uloga Partije često svođena isključivo na vaspitnu funkciju, dok je organizatorsko-politička funkcija potpuno zanemarivana. Tek je borba za razvoj samoupravljanja kao integralnog društvenog sistema dovela do saznanja o neodvojivosti idejne i političke funkcije kao osnovnih komponenata revolucionarne uloge avangarde.

Razdvajanjem idejne i političke funkcije i negiranjem bilo koje od njih, automatski se negira revolucionarna uloga avangarde. Negiranjem idejne funkcije avangarda se pretvara u pragmatično-političku, a negiranjem političke u propagandno-vaspitnu instituciju. I u jednom i u drugom slučaju organizacija gubi avangardni karakter.

Kad bi se samoupravljanje automatski ostvarivalo uspostavljanjem samoupravnih institucija, idejno delovanje bi zaista bilo suvišno. Na

---

2) VI kongres KPJ, 1952, Rezolucija o zadacima i uloga SKJ, str. 285.

takvim iluzijama zasnovano je shvatanje o kraju ideologije[3] u samo-upravnom društvu. Pošto je idejno delovanje oblik klasne borbe, pri-rodno je da nestankom klasa i ono nestaje. Kad bi postojao, automa-tizam u ostvarivanju samoupravljanja bi klasnu borbu činio izlišnom pa bi, samim tim, izlišno bilo i idejno delovanje.

Ali kao što se nijedan oblik klasne vladavine ne ostvaruje bez klasne borbe, tako se ni samoupravljanje, kao oblik neposredne vlasti radničke klase, ne može ostvarivati samo po sebi. Razlika je, međutim, u tome što borba za samoupravljanje znači, u suštini, borbu protiv svake vladavine, zbog čega se ideologija samoupravnog pokreta bitno razlikuje od svih drugih ideologija. Ona, u stvari, znači negaciju ideo-logije kao izokrenute svesti, jer se sama zasniva na objektivnoj, tj. istinitoj spoznaji sveta.

Takav karakter ideologije samoupravljanja proističe iz autentič-nog interesa radničke klase za ukidanjem zabluda koje predstavljaju oslonac klasne vladavine. Suština svake ideologije je da interes vlada-juće klase prikazuje kao interes društva. Po tome se ni ideologija samo-upravljanja ne razlikuje od drugih ideologija, samo što je interes radničke klase, koji ona izražava, zaista identičan s interesom društva, jer se podudara ne samo s interesom većine članova društvene zajednice već i sa zakonitostima društvenog razvoja uopšte.

Ako samoupravljanje još ne predstavlja interes *celog* društva, neo-phodna je klasna borba da se to ostvari, pa je neophodna i odgovaraju-juća ideologija koja osvetljava pravi put do tog cilja. Prirodno je da najsvesniji pripadnici samoupravnog pokreta, koji prvi spoznaju ovaj put, idejno deluju i na ostale članove samoupravne zajednice. Ukoliko se idejni uticaj vrši organizovanije, utoliko se brže pretvara u pokre-tačku i kohezionu snagu samoupravnog pokreta.

Pošto klasna svest izražava životni interes ljudi, prirodno je da su najsvesniji pripadnici samoupravnog pokreta istovremeno i politički najmobilniji. Spoznati interes je najmoćnija pokretačka snaga prak-tičnog delovanja, što čini da su idejno i praktično-političko prednja-čenje organski povezani. Avangarda nastaje i reprodukuje se kao re-zultat prirodne potrebe za idejno-političkim prednjačenjem u procesu samooslobođenja klase i postoji sve dok ta potreba traje.

Sve dok se radnička klasa bori za svoje oslobođenje prirodno je da se njena avangarda nalazi u središtu te borbe, inače prestaje biti avangardom. A oslobađanje klase ne postiže se objašnjavanjem, već

---

[3] Pod *ideologijom* se u ovom radu podrazumeva sistem pogleda koji izražavaju određeni klasni interes. Shodno tome, pod *socijalističkom ideologijom* podrazumeva se sistem pogleda na prelazni period između klasnog i besklasnog društva koji izražavaju interese radničke klase

revolucionarnim menjanjem postojećeg društvenog stanja, u čijoj funkciji mora da bude i idejno delovanje avangarde. Zbog toga je krajnje jednostrana apstraktna definicija avangarde kao organizacije istomišljenika, koja uopšte ne izražava njen revolucionarno-klasni karakter.

Idejno-političko prednjačenje nije, međutim, neko specifično obeležje koje karakteriše ulogu avangarde samo u uslovima samoupravljanja. Od svog nastanka komunistička avangarda deluje i kao idejna i kao politička snaga radničkog pokreta, samo što se u različitim fazama borbe bori za različite neposredne ciljeve. Ako su ovi ciljevi na liniji istorijskih interesa radničke klase, avangarda dosledno stoji na klasnim pozicijama i time ostvaruje revolucionarni kontinuitet. Ako odstupa od borbe za istorijske ciljeve, ona se neizbežno pretvara u konzervativnu snagu i, samim tim, gubi obeležja avangarde.

Shvatanje da ulogu avangarde idejno-političko delovanje karakteriše samo u uslovima samoupravljanja proističe, u stvari, iz svođenja tog delovanja na idejno-vaspitnu aktivnost. Idejno-političko delovanje se shvata samo kao širenje političkih ideja, dok se apstrahuje praktično-organizatorska aktivnost na njihovom ostvarivanju. Tako se terminološki prikriva negiranje revolucionarne uloge avangarde u uslovima samoupravljanja.

Pošto idejno-političko delovanje čini sadržinu vodeće uloge avangarde, njegovim svođenjem na idejno-vaspitnu aktivnost dolazi se do pogrešnog zaključka da avangarda ostvaruje vodeću ulogu samo u uslovima samoupravljanja. Takav zaključak je neodrživ već zbog toga što je vodeća uloga sadržana u samom pojmu avangarde, iz čega proističe da jedna organizacija ostvaruje vodeću ulogu uvek kada deluje kao avangarda, ili tačnije: da deluje kao avangarda samo kad ostvaruje vodeću ulogu. Zbog toga je neosnovano mišljenje da se prelaskom iz etatizma u samoupravljanje rukovodeća uloga partije pretvara u vodeću.

Ukoliko se može govoriti o rukovođenju od strane avangarde, onda ono predstavlja samo način ostvarivanja vodeće uloge. Rukovođenje koje ne služi ostvarivanju vodeće uloge pretvara avangardu u njenu suprotnost — u konzervativno-pragmatičnu organizaciju koja se bori za očuvanje umesto za prevazilaženje postojećeg društvenog stanja. Dolaskom na vlast komunističke partije su, manje ili više, zaista zapadale u birokratski pragmatizam, ali se takve pojave ne mogu smatrati zakonitim. U svakom slučaju, radilo se o napuštanju revolucionarne uloge koju komunistička avangarda po svojoj klasnoj poziciji treba da ostvaruje.

Sam prelaz iz etatizma u samoupravljanje podrazumeva da komunistička partija i u etatizmu deluje kao revolucionarna avangarda.

Taj se prelaz ne može izvršiti bez revolucionarne akcije, koja se mora organizovano voditi i idejno-politički usmeravati. Uloga avangarde je ne samo da idejno koncipira samoupravljanje kao negaciju etatizma, već i da organizuje borbu za njegovo ostvarivanje.

Prema tome, definisanjem avangarde kao vodeće idejno-političke snage još se ne određuje njena konkretna uloga u uslovima samoupravljanja. To određenje sadržano je u borbi za neposrednu vlast radničke klase, čiju esenciju čini razvoj socijalističkih produkcionih odnosa, na kojima se zasniva neposredno raspolaganje sredstvima i rezultatima rada od strane svih članova samoupravne zajednice. Pošto je ovo istorijski proces, avangarda mora da se nalazi u stanju permanentne revolucionarne mobilnosti sve do konačnog oslobođenja radničke klase, ali time se i završava njena funkcija. Smisao postojanja avangarde i jeste u neprekidnoj borbi za stalne revolucionarne promene na putu do potpunog ostvarenja istorijskih interesa radničke klase.

III

SAMOUPRAVLJANJE
I NAČIN DELOVANJA AVANGARDE

Suština samoupravljanja kao društvenog sistema određuje, u osnovi, način delovanja avangarde koja se za taj sistem bori. Zbog toga, prelaskom iz etatizma u samoupravljanje nastaju suštinske promene u delovanju avangarde. Borba za neposrednu vlast radničke klase zahteva drugačija sredstva i metode od borbe za samo osvajanje vlasti.

Ako se vlast preuzima nasilnim putem, avangarda mora da stvara vlastiti aparat nasilja pomoću kojeg ukida privatno vlasništvo. Ali i kad vlast osvaja političkom borbom, ona se koristi postojećim institucijama buržoaske demokratije. U oba slučaja avangarda deluje preko mehanizma vlasti, podređujući ga sopstvenim ciljevima. Na taj način ona posreduje između države i klase koju zastupa, tako da uglavnom od nje zavisi koliko će se dosledno ostvarivati klasni interesi.

Takvo posredovanje ima, međutim, opravdanja samo utoliko ukoliko radnička klasa objektivno ne može da neposredno ostvaruje određene funkcije vlasti. Stvaranjem uslova za samoupravljanje, posredovanje već samo po sebi dolazi u sukob s interesima klase. Kao najsvesniji deo klase, avangarda je pozvana da pravovremeno sagledava mogućnosti za napuštanje posredništva i da, u skladu s tim, istovremeno menja i način svoga delovanja.

Pošto je u etatizmu vlast koncentrisana u državnom aparatu, dovoljno je da partija odlučujuće utiče na rad aparata pa da obezbedi ostvarivanje određenih klasnih interesa. Taj se uticaj može obezbediti zauzimanjem ključnih pozicija u organima vlasti i uspostavljanjem stroge discipline u sprovođenju partijskih direktiva. Najefikasnije rešenje je u personalnom spajanju partijskih i državnih funkcija, koje je u praksi našlo veoma široku primenu. Ono omogućava da se gotovo automatski ostvaruje jedinstvo partijskog i državnog odlučivanja, jer su subjekti odlučivanja isti.

To utiče na smanjivanje idejne i političke aktivnosti avangarde, koja glavni oslonac za ostvarivanje svojih ciljeva nalazi u autoritetu vlasti. Idejno-političko delovanje svodi se uglavnom na propagiranje državnih mera, koje se često graniči sa fetišizacijom partije i države. Da bi se obezbedilo poštovanje političkih odluka, stvaraju se iluzije o nepogrešivosti partijskog i državnog aparata.

Tome se podređuje i delovanje društveno-političkih organizacija, preko kojih se razvija masovna propaganda. Partija obezbeđuje svoj uticaj na ove organizacije slično kao i na državni aparat, pre svega zauzimanjem rukovodećih pozicija i njihovim personalnim povezivanjem s rukovodećim partijskim funkcijama. To pretpostavlja da je moć društveno-političkih organizacija koncentrisana u njihovim rukovodećim organima, zbog čega se i one, kao i partija i država, organizuju i deluju centralistički.

Takav način delovanja krije u sebi veliku opasnost od pretvaranja avangarde iz revolucionarne u konzervativnu snagu. Do ispoljavanja ovakvih tendencija dolazi, manje ili više, svugde u toku uspostavljanja državne vlasti u ime radničke klase. One se najevidentnije ispoljavaju u otporu prema samoupravljanju, kojim se ukida monopol vlasti. Protivrečnost pozicije koju partija zauzima pri uspostavljanju državne vlasti je u tome što ona omogućava ne samo da se odmah napravi odlučujući korak ka samoupravljanju, već i da se za određeno vreme zadrži posredništvo u ostvarivanju vlasti. Zbog toga je dominacija revolucionarnih snaga u partiji od presudnog značaja za pravovremeni nastanak samoupravljanja.

Od dominacije revolucionarnih snaga zavisi opredeljivanje partije za samoupravljanje, ali to još nije dovoljan uslov da se ono razvije u društveni sistem. Kao neposredna vlast radničke klase, samoupravljanje već po svojoj prirodi podrazumeva da se u njegovom ostvarivanju neposredno angažuju svi članovi samoupravne zajednice. Zbog toga je stvaranje masovnog samoupravnog pokreta neizostavna pretpostavka samoupravnog razvoja društva. Oslobađanje rada od klasnih »okova« zahteva frontalnu borbu, koja se angažovanjem svih radnih ljudi mora voditi u celom društvu. Pravilo da svaka društvena revolucija uvlači u borbu sve snage društva pogotovu važi za samoupravljanje, kojim se radikalno menja položaj svih članova društvene zajednice. Nijedan praktični korak u razvoju samoupravnih odnosa ne može se napraviti bez masovne društvene akcije.

Ali ne samo razvoj samoupravnih odnosa, već i neposredno samoupravno odlučivanje ima za pretpostavku organizovanu društveno-političku aktivnost samoupravljača. Sve dok u društvu postoje klasne protivrečnosti, postoji i potreba za organizovanim političkim delovanjem. Ako se interes radničke klase podudara s interesom većine društva, takvo delovanje omogućava da se on ostvaruje putem neposrednog odlučivanja samoupravljača.

Zajednički interes, koji treba da se izrazi kroz samoupravne odluke, može se utvrđivati samo putem *društvene* konfrontacije posebnih interesa. Na taj način se društvenom afirmacijom zajedničkog interesa istovremeno diskredituju svi njemu suprotni interesi. To je, u suštini, autentični metod ostvarivanja diktature *proletarijata* koja, za razliku od klasične države, glavni oslonac traži u idejno-političkom delovanju.

Ako se interesi radničke klase podudaraju s interesima većine društva, ona se u ostvarivanju vlasti može oslanjati prevashodno na svest o zajedničkom interesu većine. Ali svest o zajedničkom interesu ne proističe automatski iz njegovog objektivnog postojanja. Ona ne nastaje isključivo ni putem naučne spoznaje tog interesa. Za njeno stvaranje je neophodna demokratska konfrontacija posebnih interesa, kroz koju se idejno-političkim delovanjem na bazi naučnih saznanja definiše i afirmiše zajednički interes.

Idejno-politička afirmacija interesa radničke klase kao zajedničkog interesa većine pretpostavlja da svi članovi samoupravne zajednice neposredno i organizovano učestvuju u društveno-političkoj aktivnosti, odnosno da ova aktivnost ima opštedruštveni i demokratski karakter. Takva aktivnost predstavlja osnovu samoupravne demokratije, koja se ne može svesti samo na usvajanje samoupravnih odluka. Priprema odluka je mnogo presudnija faza u procesu odlučivanja, a njen odlučujući deo čini upravo političko dogovaranje. Zbog toga stvarne demokratizacije odlučivanja ne može biti bez demokratizacije politike.

Da bi postala subjekt samoupravnog odlučivanja, radnička klasa mora da postane subjekt ukupne politike u društvu. Ali ona to objektivno ne može da postigne a da u istu poziciju ne dovede celu društvenu zajednicu. To praktično znači da svi članovi samoupravne zajednice neposredno učestvuju ne samo u donošenju već i u političkom koncipiranju samoupravnih odluka. Funkcije političkog odlučivanja i neposrednog vršenja vlasti se na taj način ponovo sjedinjavaju u istim subjektima, čime se obezbeđuje samoupravno jedinstvo vlasti. Sve dok se zadržava posredništvo u političkom odlučivanju, vlast faktički ostaje otuđena i onda kad se samoupravne odluke donose neposrednim izjašnjavanjem samoupravljača. Zbog toga se o samoupravnom jedinstvu vlasti može govoriti tek kad je i političko dogovaranje u neposrednoj nadležnosti samoupravljača.

31

Objektivnu osnovu samoupravnog jedinstva vlasti čini zajednički interes samoupravljača. Celokupan proces samoupravnog dogovaranja usmeren je na utvrđivanje i ostvarivanje tog interesa. Zbog toga je sa suštinom samoupravljanja nespojivo shvatanje koje samoupravno odlučivanje svodi na proizvoljno opredeljivanje između različitih alternativa.

U takozvanom alternativnom socijalizmu traži se put za sprečavanje birokratskog monopola, jer se sloboda opredeljivanja izjednačava s mogućnošću izbora alternativa. U tom smislu postavlja se zahtev da se *obavezno* istupa s predlozima različitih rešenja i da se ona učesnicima u odlučivanju prezentiraju neutralistički, to jest bez ikakvog uticaja na njihovo opredeljivanje. Pretpostavlja se da to samo po sebi obezbeđuje ravnopravnost u predlaganju i samostalnost u opredeljivanju između različitih predloga.

Sudbonosne granice slobode, međutim, ne leže u načinu odlučivanja već u društveno-ekonomskom položaju ljudi, kojim je u osnovi uslovljen i način odlučivanja. Pri spontanom sučeljavanju različitih interesa uvek nadvladavaju oni čiji nosioci poseduju veću društvenu moć, a veća društvena moć, po pravilu, proističe iz većeg udela u raspolaganju materijalnom osnovom društvene reprodukcije. Empirijska istraživanja pokazuju da se pri sučeljavanju različitih individualnih inicijativa i sami radnici češće izjašnjavaju za predloge direktora nego za predloge radnika, pa i onda kad objektivno manje odgovaraju njihovim interesima.

To pokazuje da se radnička klasa samo organizovanom akcijom može suprotstaviti birokratskom i svakom drugom monopolu. To ne isključuje mogućnost različitih inicijativa i predloga u procesu samoupravnog dogovaranja, ali radnička klasa mora već u fazi političkog koncipiranja samoupravnih odluka da se opredeljuje i bori za ona rešenja koja odgovaraju njenim interesima. Ako se ovi interesi podudaraju s interesima većine samoupravljača, prirodno je da se većina samoupravne zajednice opredeljuje za ista rešenja i da u borbi za njihovu realizaciju deluje kao jedinstven pokret.

Pošto samoupravna zajednica deluje kao demokratska asocijacija u pravom smislu reči, manjina nema nikakve mogućnosti da realizuje svoje zahteve ako ih većina ne prihvata. Time se objektivno isključuje mogućnost višepartijskog sistema. A ako je takav sistem nasleđen, on neizbežno mora da odumire. Iz istog razloga mora da odumire i avangarda kao *partijska* organizacija koja se bori za interese *samo jednog dela* društva.

Zbog toga je naučno neodrživo shvatanje o nužnosti političkog pluralizma u socijalizmu. Politički pluralizam u samoupravnom društvu postoji samo u smislu slobodnog izražavanja političkih ubeđenja, ali ne i u smislu organizovanog delovanja različitih političkih pokreta. Da bi se jedan politički zahtev realizovao potrebno je da ga demokratskim putem prihvati većina samoupravljača, a to je moguće postići samo u jedinstvenoj političkoj organizaciji. Unutar ove organizacije mogu delovati i uže političke asocijacije, ali sve one objektivno moraju biti usmerene na ostvarivanje zajedničkog interesa samoupravljača.

Avangarda, prema tome, može delovati samo unutar ovog jedinstvenog pokreta, ali ne kao poseban deo već kao snaga koja prožima ceo pokret. Ako samoupravna zajednica neposredno odlučuje o zajedničkim interesima, avangarda mora da se bori da najprogresivnije stavove prihvata većina samoupravljača. A to se može postizati samo ako se putem idejno-političke konfrontacije na svakog člana samoupravne zajednice neposredno utiče.

Zbog toga avangarda mora da deluje, pre svega, putem društveno-političkih organizacija. Delovanje izvan ovih organizacija ne samo što bi moglo dovoditi do međusobnog sukobljavanja, nego bi bilo u suprotnosti sa principima neposredne demokratije. Ako je razvijen sistem neposredne demokratije, delovanje izvan njegovih oblika ne može ni imati efekta. A društveno-političke organizacije su fundamentalni oblik, ili, tačnije, osnova tog sistema.

U takvom sistemu avangarda ne može samim zauzimanjem ključnih pozicija obezbediti odlučujući uticaj na samoupravne odluke, u čijem donošenju sudbonosnu ulogu više nemaju predstavnički organi već opredeljenja većine samoupravljača. Zbog toga je neophodno da se avangarda još u fazi političkog koncipiranja samoupravnih odluka bori da njeni stavovi prerastaju u masovno opredeljenje samoupravljača. To se može postizati samo idejnim i moralno-političkim delovanjem u čijoj osnovi mora biti borba za zajednički interes samoupravljača.

Suštinu idejnog delovanja čini jasno definisanje ciljeva koji dosledno izražavaju zajednički interes i koji su, upravo zbog toga, prihvatljivi za većinu. Da bi mogla ostvarivati svoju ulogu, avangarda mora zaista da prednjači u sagledavanju zajedničkog interesa i u definisanju političkih ciljeva samoupravnog pokreta. Dok je u etatizmu prednjačenje vladajuće partije obezbeđeno samom pozicijom u sistemu vlasti, u samoupravnom društvu je pozicija avangarde uslovljena njenim prednjačenjem.

Suštinu moralno-političkog delovanja čini dosledno i jedinstveno istupanje u borbi za zajednički interes. Da bi ostvarivala svoju ulogu, avangarda mora da prednjači u pokretanju i vođenju akcija na ostvarivanju tog interesa. Dok u etatizmu vladajuća partija faktički ima monopol na pokretanje političkih akcija, u samoupravljanju političko prednjačenje može da proističe samo iz idejnog prednjačenja. Ako, sama ne

3

pokreće društvene akcije, organizacija avangarde ne može u tome druge da sprečava. Delovanje unutar samoupravnog pokreta mora se zasnivati na punoj ravnopravnosti njegovih pripadnika.

Jedinstvo idejno-političkog delovanja može se ostvarivati samo putem organizovane akcije. To podrazumeva da se pripadnici avangarde prethodno dogovaraju o zajedničkim akcijama, i u svom delovanju dosledno pridržavaju postignutih dogovora. Jedinstva akcije nema bez jedinstvenih stavova, a utvrđivanje i sprovođenje jedinstvenih stavova već zahteva organizaciju. Organizovano delovanje je, u stvari, bitno obeležje avangarde bez kojeg, ona ne bi ni postojala kao vodeća snaga. Najsvesniji pojedinci bi inače delovali kao pripadnici samoupravnog pokreta, ali bi njihovo nepovezano delovanje imalo znatno manje efekta.

Negiranje potrebe za organizovanim političkim delovanjem avangarde proističe iz svođenja njene uloge na idejno-vaspitnu funkciju. Kad bi se avangarda bavila samo širenjem socijalističkih ideja, onda bi i sama individualna aktivnost njenih pripadnika davala u tom pogledu određeni efekat. Ali ona je pre svega sastavni deo socijalističkog *pokreta*, i to njegov najrevolucionarniji deo. I samu vaspitnu ulogu avangarda ostvaruje prvenstveno putem revolucionarne akcije. Organizovana borba za ostvarivanje socijalističkih ideja je istovremeno najefikasniji put za njihovu opštedruštvenu afirmaciju.

Tendencije svođenja uloge Saveza komunista Jugoslavije na vaspitnu funkciju imale su za posledicu izvesno zapostavljanje organizovanog političkog delovanja partijskih organizacija. Negiranje njihove organizatorsko-političke uloge često je motivisano potrebom distanciranja od vlasti i nemešanja u rad organa samoupravljanja. Ono je objektivno olakšavalo delovanje antisamoupravnih snaga koje su se borile za monopol na vlast, zbog čega je i nailazilo na njihovu podršku.

Teza o distanciranju avangarde od samoupravne vlasti predstavlja svojevrstan apsurd. Objektivno je nemoguće da se avangarda bori za neposrednu vlast radničke klase a da u njoj, kao integralni deo klase, i sama ne učestvuje. Samoupravna vlast je, pre svega, instrument samooslobođenja radničke klase, a komunistička avangarda je njen najrevolucionarniji deo.

Zbog toga je dilema o mešanju ili nemešanju avangarde u rad organa samoupravljanja postavljena na sasvim pogrešnu osnovu. Kategorije »mešanje« i »nemešanje« označavaju spoljašnji odnos, a komunistička avangarda deluje kao unutarnja snaga samoupravljanja. Ukoliko se stavovi avangarde prihvataju od većine samoupravljača, ona faktički igra najznačajniju ulogu u ostvarivanju samoupravne vlasti.

Avangarda, međutim, može delovati kao unutarnja snaga samoupravljanja samo ako je ono konstituisano kao sistem neposredne socijalističke demokratije. Ako organi samoupravljanja deluju posrednički, organizacija avangarde mora na njih da utiče spolja, jer je samoupravna zajednica još odvojena od vlasti. Zbog toga odlučujuću ulogu u ostvarivanju ovog uticaja i dalje imaju izvršni organi organizacije. Empirijska istraživanja vršena pre donošenja Ustava SFRJ, na osnovi kojeg je samoupravljanje konstituisano kao sistem neposredne socijalističke demokratije, pokazuju da su rukovodeći organi Saveza komunista imali znatno veći uticaj na donošenje samoupravnih odluka nego članstvo. To je potvrdila i anketa iz 1972. godine, u kojoj je 51% anketiranih izrazilo uverenje da na donošenje samoupravnih odluka rukovodstva Saveza komunista imaju veći uticaj od članstva.[4]

Mogućnosti uticaja na predstavničko odlučivanje određene su i položajem u društvenoj podeli rada. Što su pojedine socijalne grupacije u podeli rada udaljenije od rukovodećih centara, njihova moć uticaja je manja pa je, zbog toga, manja i njihova aktivnost u tom pogledu. Otuda i među samim članstvom postoje znatne razlike u samoupravnoj aktivnosti i uticaju na organe samoupravljanja. Malopre pomenuta anketa je pokazala da je od članova Saveza komunista predloge organima samoupravljanja podnosilo 78% rukovodilaca, 70% intelektualaca humanitarnog i 52% tehničkog smera, 61% administrativnih službenika s nižom školskom spremom, 61% kvalifikovanih i visokokvalifikovanih radnika, 36% nekvalifikovanih i polukvalifikovanih radnika, i oko 33% individualnih poljoprivrednih proizvođača. Istovremeno je na sednicama organa samoupravljanja kritički istupalo 61% rukovodilaca, 57% intelektualaca humanitarnog i 51% tehničkog smera, 46% administrativnih službenika s nižom spremom, 52% kvalifikovanih i visokokvalifikovanih radnika, 22% nekvalifikovanih i polukvalifikovanih radnika i samo 6% individualnih poljoprivrednih proizvođača.

Ograničene i nejednake mogućnosti uticaja na predstavničko odlučivanje uslovljavaju da samo manji broj članova komunističke organizacije prednjači u samoupravnoj aktivnosti. Od anketiranih građana samo je 23% izjavilo da su u samoupravnom odlučivanju članovi Saveza komunista aktivniji od ostalih samoupravljača, a 10% da su čak i neaktivniji, dok 45% nije uočavalo nikakvu razliku. Ukoliko nisu birani u predstavničke organe samoupravljanja, članovi Saveza komunista objektivno nisu ni mogli ispoljavati veću aktivnost u samoupravnom odlučivanju.

U uslovima predstavničkog odlučivanja ni društveno-političke organizacije ne mogu znatnije uticati na rad organa samoupravljanja. Zbog toga građani, pa ni članovi komunističke organizacije, ne pokazuju

---

4) Anketu je sproveo Institut za po'itičke studije Fakulteta političkih nauka u Beogradu na uzorku 4.500 građana s područja šire Srbije

veći interes za angažovanje u tim organizacijama. Anketno ispitivanje je pokazalo da je predloge sindikalnoj organizaciji podnosilo 35% članova Saveza komunista, omladinskoj organizaciji 28%, a organizaciji Socijalističkog saveza samo 16%. Istovremeno je na sastancima sindikalne organizacije kritički istupalo 29%, omladinske organizacije 18% i organizacije Socijalističkog saveza 12% anketiranih članova Saveza komunista. Većina komunista često nije ni prisustvovala sastancima ovih organizacija, niti je njihovoj aktivnosti pridavala veći značaj.

Radikalne promene nastaju tek razvojem neposrednog samoupravljanja koje, po svojoj prirodi, vodi izjednačavanju objektivnog položaja samoupravljača. Iako je neposredno odlučivanje pre konstituisanja sistema neposredne samoupravne demokratije bilo dosta ograničeno, razlike u angažovanju pojedinih socijalnih kategorija u njemu bile su znatno manje nego u predstavničkom odlučivanju. Na smanjenje tih razlika uticalo je pre svega povećanje aktivnosti neposrednih proizvođača. Dok je od članova Saveza komunista predloge organima samoupravljanja podnosilo 78% rukovodilaca, 70% intelektualaca humanitarnog i 52% tehničkog smera, 61% administrativnih službenika s nižom školskom spremom, 61% kvalifikovanih i visokokvalifikovanih radnika i 36% nekvalifikovanih i polukvalifikovanih radnika, u podnošenju predloga radnoj jedinici učestvovalo je 75% prve, 59% druge, 67% treće, 47% četvrte, 70% pete i 56% šeste grupacije. Na sednicama organa samoupravljanja kritički je istupalo 61% rukovodilaca, 57% intelektualaca humanitarnog i 51% tehničkog smera, 46% administrativnih službenika s nižom školskom spremom, 52% kvalifikovanih i visokokvalifikovanih radnika, odnosno 22% nekvalifikovanih i polukvalifikovanih radnika, a na zborovima radnika — 63% prve, 59% druge, 66% treće, 45% četvrte, 63% pete, i 44% šeste grupacije.

Razvoj neposrednog samoupravljanja objektivno utiče i na povećanje samoupravne aktivnosti mlađih generacija. Od anketiranih članova Saveza komunista, predloge organima samoupravljanja podnosilo je 52% do 49 godina starosti i 51% ovih iznad 49 godina, a radnim jedinicama 59% iz prve i 52% iz druge grupacije. Predloge sindikalnoj organizaciji davalo je 39% pripadnika mlađih i 36% starijih generacija, a na njenim sastancima kritički je istupalo 34% iz prve i 33% iz druge grupacije.

Ustav SFRJ iz 1974. godine je postojeće društveno-političke organizacije postavio kao osnovu samoupravnog sistema. Organizaciono-političarki okvir samoupravnog pokreta nađen je u Socijalističkom savezu radnog naroda kao jedinstvenom frontu svih socijalističkih snaga. Ostale društveno-političke organizacije — Savez sindikata, Savez socijalističke omladine i Savez boraca definisani su kao integralni i samostalni delovi

36

ovog jedinstvenog fronta, a Savez komunista kao idejno-politička i pokretačka snaga koja deluje unutar celog fronta i usmerava njegovu celokupnu aktivnost.

Time su stvorene institucionalne pretpostavke da se samoupravni sistem autonomno razvija, tako što nosioci njegovog razvoja deluju kao njegova unutarnja snaga. Osnovnu pokretačku snagu tog razvoja čini istorijski interes radničke klase za potpuno oslobođenje rada, radi čijeg ostvarivanja se socijalističke snage i organizuju u jedinstveni front. Iz protivrečnosti tog interesa objektivno proističu i protivrečnosti unutar samoupravnog pokreta, čije je prevazilaženje neizostavna pretpostavka za razvoj samoupravljanja.

IV

INTERESI KLASE I AVANGARDA

Komunisti, prema »Komunističkom manifestu«, »nemaju nikakve interese odvojene od interesa celokupnog proletarijata« i oni se »od ostalih proleterskih partija razlikuju samo time što, s jedne strane, u različitim nacionalnim borbama proletera ističu i sprovode zajedničke, od nacionalnosti nezavisne interese celokupnog proletarijata, a, s druge strane, time što u različitim fazama razvitka, kroz koje prolazi borba između proletarijata i buržoazije, stalno zastupaju interese celokupnog pokreta«. Ova suštinska definicija avangarde kao zastupnika zajedničkih interesa celokupnog proletarijata važi za sve društvene uslove u kojima se radnička klasa bori za svoje oslobođenje, pa i za uslove samoupravljanja.

Interes radničke klase je, međutim, u komunističkom pokretu često metafizički shvatan i apstrahovan od konkretnih interesa radnika i pojedinih delova klase. Na' tome je zasnivana fetišizacija avangarde, koja je imala cilj da apriori obezbedi idejni i politički uticaj. Komunisti su proglašavani ljudima »naročitog kova«, koji lične interese potpuno podređuju ciljevima pokreta, čime su avangardi pripisivana natprirodno-mesijanska svojstva.

Nasuprot tome, iskustvo pokazuje da su u sastavu komunističkih partija često nastajale krupne promene zavisno od njihove idejno-političke orijentacije i uslova delovanja. Promene u političkom kursu redovno su praćene masovnim čistkama ili svojevoljnim napuštanjem organizacije, ali i dosta masovnim prijemom novih članova. U pojedinim partijama je sastav članstva u relativno kratkim vremenskim intervalima gotovo iz osnova menjan. Iskustvo Saveza komunista Jugoslavije pokazuje da je borbu za samoupravljanje takođe pratila izrazita fluktuacija partijskog članstva.

Već to pokazuje da avangarda doživljava određeni preobražaj koji je sastavni deo ukupnih društvenih promena determinisanih objektivnim zakonima društvenog razvoja. Zbog toga se motivi revolucionarnog delovanja komunista moraju tražiti u konkretnim interesima, koji su takođe objektivno determinisani. Kada bi interesi radničke klase bili odvojeni od konkretnih interesa radnika, onda bi se mogućnosti njenog oslobođenja zaista morale tražiti u nekim natprirodnim silama. Celokupno iskustvo socijalističkog pokreta pokazuje, međutim, da je oslobađanje radničke klase delo njene vlastite akcije proširene angažovanjem drugih potlačenih slojeva društva, i da je u toj akciji razlika između komunista i ostalih pripadnika pokreta samo u stepenu revolucionarne mobilnosti. Fetiš avangarde pogotovu nestaje pred činjenicom da je ona po dolasku na vlast često igrala konzervativnu, to jest anti-avangardnu ulogu. U stvari, do njene fetišizacije i dolazilo je jedino u takvim situacijama, kada ona nije akcijom potvrđivala svoj avangardizam.

Interes klase ne postoji, niti objektivno može postojati izvan konkretnih interesa njenih pripadnika. Interes radničke klase nije, u stvari, ništa drugo do *zajednički* interes samih radnika, koji se, polazeći pre svega od potreba vlastite egzistencije, udružuju u jedinstveni klasni pokret. Između interesa radničke klase i ličnih interesa radnika postoji, prema tome, određeni identitet, na kojem se objektivno zasniva idejno i političko jedinstvo klase. Ovaj identitet bi morao biti najpotpunije izražen u komunističkoj organizaciji, koja po prirodi svoje funkcije treba da okuplja one pripadnike socijalističkog pokreta čiji se interesi objektivno najviše podudaraju s interesom radničke klase. U toj podudarnosti upravo i leži snaga komunističkog pokreta.

Pošto suštinu interesa radničke klase čini oslobođenje rada, on objektivno izražava interes svih radnih ljudi. Zbog toga revolucionarni pokret radničke klase po svojoj prirodi ima opštedruštveni karakter, pa i njena avangarda u tom smislu predstavlja istovremeno avangardu celog društva. Na toj osnovi socijalistički pokret se proširuje na sve stvaralačke snage društva, pa i avangarda sve više nalazi svoj socijalni oslonac i van radničke klase.

Objektivna podudarnost između interesa klase i ličnih interesa radnika je, međutim, relativna. I u najvećem stepenu podudarnosti sadržana je određena protivrečnost, čije prevazilaženje čini neizostavnu pretpostavku revolucionarnog delovanja. Pošto se i neposredni interes klase i lični interesi radnika stalno menjaju, promenljiv je i stepen njihove podudarnosti, pa, samim tim, i jačina napora koji je potreban da bi se prevladale postojeće protivrečnosti.

39

Zbog toga se klasna doslednost mora u praksi stalno potvrđivati. Revolucionarno *delovanje* je, u stvari, jedini verodostojni indikator uspešnog prevladavanja protivrečnosti između ličnog i klasnog interesa, koja uvek može dovoditi do iskušenja da se prvi pretpostavi drugom. Zato socijalna pripadnost radničkoj klasi nije sama po sebi dovoljna garantija klasne doslednosti. Iskustvo iz istorije pojedinih komunističkih partija pokazuje da kampanjski prijem radnika nikada nije sam po sebi dovodio do veće revolucionarne mobilnosti organizacije.

Složenost odnosa između klase i avangarde uslovljena je i protivrečnostima između opšteg interesa klase i posebnih interesa njenih delova. One su redovno dovodile do razilaženja u međunarodnom radničkom pokretu kad god nije nalažen pravi put za njihovo razrešavanje. Rukovodeći se isključivo *svojim* neposrednim interesom, pojedini delovi radničke klase su ponekad stajali i na antisocijalističkim pozicijama. Do takvih razilaženja može dolaziti, i dolazilo je, ne samo u međunarodnim razmerama već i unutar iste nacije. Zbog toga svaka komunistička organizacija mora da računa na ove protivrečnosti i da se angažuje da se one razrešavaju. Utoliko je delikatniji položaj onih organizacija koje kao jedinstveni pokret deluju u sredinama heterogenim u ekonomskom, socijalnom, nacionalnom i kulturnom pogledu. Što su veće razlike u stepenu razvijenosti pojedinih društvenih sredina, to su, po pravilu, veće i protivrečnosti interesa pojedinih delova radničke klase koji u tim sredinama deluju.

Promene koje pojavom samoupravljanja nastaju u sastavu i idejno--političkom delovanju avangarde najdirektnije su uslovljene protivrečnostima između neposrednih i istorijskih interesa radničke klase. Između istorijskih ciljeva radničke klase i pojedinih faza u procesu njihovog ostvarivanja pojavljuju se objektivne protivrečnosti koje bitno utiču na fizionomiju i delovanje avangarde. Da bi uspešno ostvarivala svoju ulogu, avangarda, u stvari, mora sama da polazi od tih protivrečnosti, čijem razrešavanju i treba da služi njeno revolucionarno delovanje.

Ove protivrečnosti impliciraju mogućnost da se neposredni interesi radničke klase u pojedinim fazama ostvarivanja njenih istorijskih ciljeva manje ili više podudaraju s interesima drugih društvenih grupa. Otuda socijalistički pokret u pojedinim fazama klasne borbe i u tim *grupama*, a ne samo u njihovim pojedinim pripadnicima, nalazi manji ili veći socijalni oslonac. Promene koje nastaju u ovakvoj podudarnosti klasnih interesa neizbežno se odražavaju na socijalni sastav avangarde.

Da bi izvojevale vlast, komunističke partije su socijalni oslonac tražile u svim slojevima koji su učestvovali u revoluciji. To je imalo za posledicu rapidno uvećavanje broja njihovih članova. U Oktobarskoj revoluciji, na primer, broj članova Ruske komunističke partije (boljševika) povećan je od februara 1917. do marta 1918. više od 16 puta, ne računajući one koji su izgubili živote u revoluciji. Komunistička partija Jugoslavije ušla je u narodnooslobodilački rat s nešto više od 12 hiljada, a izišla sa preko 140 hiljada članova. Većina onih koji su i u RKP (b) i u KPJ primljeni u toku revolucije nisu bili radnici.

Borba za učvršćivanje vlasti takođe je komunističke partije terala da socijalni oslonac traže u svim slojevima društva. Od 1918. do 1921. godine broj članova RKP (b) porastao je sa 390 hiljada na 733 hiljade, od čega je samo seljaštvo činilo 28%,[5] što se smatralo nedovoljnim da bi se učvrstila vlast na selu, gde je živeo najveći deo stanovništva. KPJ je do jula 1948. godine porasla na 468.175 članova i 51.612 kandidata, od čega su siromašni seljaci i seoski proleteri činili oko 37% a radnici samo oko 30%.[6]

Poseljačivanje sastava komunističke partije predstavljalo je autentičan izraz protivrečnosti između neposrednog interesa radničke klase za osvajanje vlasti i njenog istorijskog interesa za ukidanje privatnog vlasništva. Ono je moralo proisticati iz obostranog interesa, jer niti je partija vršila prinudno učlanjivanje, niti je seljak mogao ući u partiju da mu vrata organizacije nisu bila otvorena.

U industrijski nerazvijenim zemljama, gde je, uglavnom, i došlo do prvih socijalističkih revolucija, radnička klasa nije mogla ni osvojiti ni učvrstiti vlast bez oslanjanja na seljaštvo, koje je činilo većinu stanovništva. I glavni izvor sredstava za industrijalizaciju takvih zemalja morao se tražiti u najmanje industrijalizovanoj ali dominirajućoj grani privrede. Pa ni sama radnička klasa nije se imala odakle regrutovati nego sa sela i iz redova seljaštva.

Interes seljaštva da se vezuje za radničku klasu bio je takođe višestruk. Zajednička borba predstavljala je pravi put za rušenje sistema u kojem se siromašno, pa i srednje seljaštvo nalazilo u podređenom položaju. U svim nerazvijenim zemljama osnovni *klasni* motiv učešća seljaštva u revoluciji bio je preraspodela zemljišta u privatnom vlasništvu. Bez takvog programa nijedna revolucija nije mogla dobiti masovni karakter, i u tome se, uveliko, krije tajna uspeha socijalističkih revolucija u Rusiji, Kini, Jugoslaviji, pa i u drugim nerazvijenim zemljama.

To je istovremeno bio i jedan od najsnažnijih motiva uključivanja seljaštva u komunističku organizaciju. U Jugoslaviji je, na primer, u vreme agrarne reforme zabeležen nagli priliv seljaštva u Komunističku partiju, a do slične pojave došlo je i u drugim partijama. Pošto je partija kao neposredni nosilac vlasti imala glavnu ulogu u sprovođenju

---

[5] G. H. Rigby Communist Party membership in the U.S.S.R., Princetom, 1968, str. 52.
[6] V kongres KPJ, stenografske beleške

41

reforme, uključivanje seljaštva u partijsku organizaciju omogućavalo je da se u toj akciji neposredno učestvuje.

U svakom slučaju, kod seljaštva interes za ukidanje privatnog vlasništva nad zemljom nigde nije bio jači od interesa za njenu preraspodelu, što pokazuje i odnos prema kolektivizaciji. Dok je preraspodela zemlje predstavljala osnovu klasnog savezništva između radnika i seljaka, kolektivizacija je bila najevidentniji primer njihovog klasnog sukoba. Najveći deo seljaštva nije se mirio s obezvlašćivanjem, zbog čega je kolektivizacija svugde vršena pod snažnim ekonomskim i političkim pritiskom.

Iako su članovi partije morali delovati kao pokretačka snaga kolektivizacije, oni su često i sami pružali otpor. U SSSR je, na primer, samo u toku jedne godine sprovođenja kolektivizacije iz Partije isključeno ili svojevoljno istupilo oko 10% članova. Otpor učlanjivanju u seljačke radne zadruge u Jugoslaviji takođe je bio jedan od najčešćih razloga isključivanja seljaka iz Partije. Zbog odbojnosti koja je prema kolektivizaciji postojala u seoskim partijskim organizacijama, čitavu akciju vodili su direktno sreski komiteti.

Ali kad je već stupio u kolektiv, seljak je sada ponovo, iako iz sasvim drugih razloga, pokazivao interes za ulazak u partiju. Podela rada u zadruzi (kolhozu) i neposredna uloga partije u upravljanju omogućavali su da njeni članovi zauzmu rukovodeća, lakša i bolje plaćena radna mesta, zbog čega je partijska organizacija postala veoma privlačna. U Jugoslaviji su, na primer, bile jako izražene tendencije »bežanja« komunista iz proizvodnje i monopolizacije s njihove strane rukovodećih i paušalnih radnih mesta u zadrugama.

I, s obzirom na to da je partija glavni oslonac za organizovanje kolektivizirane poljoprivrede morala tražiti prvenstveno u svojim članovima, kolektivizacijom se stekao obostrani interes za uključivanje seljaka u partijsku organizaciju, što je dovodilo do naglog porasta partijskog članstva. U Jugoslaviji je, na primer, za vreme kolektivizacije partijska organizacija na selu udvostručena, a samo u toku 1950. godine broj članova i kandidata u seljačkim radnim zadrugama uvećan je za 36%. Prijem novih članova vršen je pretežno kampanjski, jer je uporedo sa stvaranjem zadruga trebalo odmah obezbediti i odlučujući uticaj partije na njihov rad.

Za prirodu motiva koji su kolektivizirane seljake vezivali za Partiju naročito je indikativna činjenica da su oni nakon raspuštanja seljačkih radnih zadruga u Jugoslaviji većinom napuštali partijsku organizaciju. U uslovima primitivne poljoprivredne proizvodnje i centralističkog upravljanja privredom seljak nije sagledavao svoj interes za socijalizam. Sagledavanja socijalističke perspektive pogotovu nije moglo biti kad je ogromna većina seljaštva bila nepismena, a socijalizam, pod uticajem staljinizma, još identifikovan s etatizmom.

U takvim uslovima seljak je izlaz iz položaja u kojem se nalazio tražio u socijalnoj migraciji. Ubrzani razvoj industrije stvarao je široke mogućnosti za seobu sa sela u grad i objektivno još više podsticao migracione težnje seoskog stanovništva, koje je dobrim delom živelo teže i od radničke klase. Pristupanje Partiji, koja se neposredno angažovala u regrutovanju kadra za industriju i društvene službe, samo je olakšavalo ostvarivanje takvih težnji.

Jedinu autentičnu osnovu socijalističkih samoopredeljenja seljaštva čini prevazilaženje njegovog klasnog bića, za koje su industrijalizacija poljoprivrede i neposredno samoupravljanje neizostavne pretpostavke. Ukoliko se poljoprivredna proizvodnja mehanizuje, interes seljaka za zemljovlasništvo sve više ustupa pred interesom za raspolaganje tehnikom. A pošto je racionalno raspolaganje tehnikom sve manje moguće na sitnom zemljišnom posedu, potreba za većom produktivnošću rada objektivno vuče na samoupravno udruživanje.

Orijentacija na kooperaciju kao oblik slobodnog povezivanja individualnog proizvođača sa društvenim i zadružnim sektorom predstavljala je od početka nerazdvojni deo jugoslovenskog koncepta samoupravljanja. Ograničen razvoj samoupravljanja i grupnosopstveničke tendencije u društvenom i zadružnom sektoru otežavali su, međutim, dugoročniji i intenzivniji razvoj kooperacije. Saradnja je bila sračunata uglavnom na neposrednu i kratkoročnu materijalnu dobit, zbog čega su dugoročna investiciona ulaganja u zajednička sredstva bila dosta ograničena. Zbog nerazvijenosti sistema neposrednog samoupravljanja seljak nije imao veliko poverenje u dugoročnu saradnju i nerado se odlučivao za veća ulaganja, iako je njegov interes za udruživanje sve više rastao.

Tek su Ustavom SFRJ iz 1974. stvorene institucionalne pretpostavke za kompleksnu kooperaciju na bazi samoupravnog udruživanja rada i sredstava. Samoupravljanje uopšte, pa i u poljoprivredi, može se razvijati samo na bazi podruštvljavanja sredstava za proizvodnju. Kooperacija je put da se privatno vlasništvo direktno, bez posredovanja države, pretvara u društvenu svojinu. Ali takav put nužno podrazumeva neposredno samoupravljanje, koje po svojoj prirodi omogućava dobrovoljno opredeljivanje proizvođača.

Zbog toga je sporna teža da je za socijalistički preobražaj sela kooperacija duži put od kolektivizacije. Bez obzira na formalno-pravni status zadružne ili kolhozne svojine, kolektivizacijom je u suštini uspostavljano državno vlasništvo na sredstvima proizvodnje, koje ponegde ima i određene elemente grupnog vlasništva. Njegova transformacija u društveno vlasništvo može, zavisno od ukupnih društvenih kretanja u pojedinim zemljama, trajati znatno duže od procesa kooperativno-samoupravnog udruživanja poljoprivrednih proizvođača.

Pošto je samoupravno udruživanje poljoprivrednih proizvođača direktno na liniji ostvarivanja istorijskih interesa radničke klase, avangarda se mora za njega boriti i u tom pravcu usmeravati sve socijalističke snage na selu i u poljoprivredi. Prirodno je da ona u tome traži oslonac u onim delovima seljaštva koji su za takvo udruživanje neposredno zainteresovani, i da iz njihovih redova regrutuje i vlastiti sastav. Kooperant koji je zainteresovan za trajnu saradnju sa društvenim sektorom na bazi stalnog razvijanja samoupravnih odnosa morao bi među seljaštvom da bude glavna rezerva za regrutovanje članstva komunističke organizacije.

Pošto je rezultat samoupravnog udruživanja poljoprivrednih proizvođača viša produktivnost rada, avangarda mora da napušta stare kriterijume po kojima je najveće poverenje izražavala prema siromašnom seljaku. To, međutim, ne znači da ovo poverenje sada treba automatski da se pomera prema imućnijim slojevima. Materijalni status ne bi se, u stvari, sâm po sebi uopšte mogao uzimati za kriterijum prijema u organizaciju.

Borbom za samoupravljanje započinje, u stvari, *direktna* borba za oslobođenje rada. Time nastaje nova faza u ostvarivanju istorijskih interesa radničke klase, čiji se neposredni ciljevi bitno razlikuju od ciljeva iz prethodne faze. Borba za osvajanje i učvršćivanje vlasti prerasta u borbu za njeno odumiranje. To dovodi do krupnih promena u odnosima između različitih interesa.

Borba za odumiranje vlasti usmerena je na radikalno prevazilaženje suprotnosti koje su se u prethodnoj fazi javljale kako između različitih klasnih interesa, tako i između opštih interesa radničke klase i posebnih interesa njenih delova, odnosno individualnih interesa radnika. Učešće u vršenju državne vlasti objektivno je omogućavalo da se uporedo sa ostvarivanjem interesa radničke klase, manje ili više, ostvaruju i njima sasvim suprotni interesi. Pošto se, radi osvajanja i učvršćivanja vlasti, morala naglo omasovljavati, nezavisno od stepena razvijenosti socijalističke svesti u društvu, partija je objektivno i sama otvarala vrata za infiltraciju takvih interesa. Dosadašnje istorijsko iskustvo pokazuje da su se u sve radničke partije koje su dolazile na vlast relativno lako, i u priličnom broju, uvlačili antisocijalistički elementi.

Osnovni izvor suprotnosti predstavljala je, međutim, protivrečnost između interesa radničke klase i birokratije koja je u njeno ime neposredno vršila državnu vlast. Da bi učvrstila vlast, radnička klasa je morala stvarati vlastitu birokratiju, i utoliko su se njihovi interesi podudarali. Birokratija je bila pozvana da štiti neposredni interes radničke klase, iako samo njeno postojanje protivreči *istorijskom* interesu te klase. U takvoj njenoj poziciji sadržana je mogućnost njene vlastite dominacije nad društvom pa i nad samom radničkom klasom, koja je često i ostvarivana. S obzirom na ulogu koju je imala u ostvarivanju vlasti, partija se svugde neposredno angažovala na regrutovanju kadra za državni aparat. Zato je ona bila privlačna ne samo zbog ciljeva za koje se borila već i zbog mogućnosti da se preko nje dođe do funkcija vlasti. Zahvaljujući tome, u svim partijama je nakon osvajanja vlasti naglo rastao broj službenika, tako da je relativni udeo činovništva u strukturi partijskog članstva znatno nadmašivao ostale socijalne grupacije.

U uslovima etatizma zaista je značajno da su ne samo državni funkcioneri već i izvršno osoblje državnog aparata u što većem broju uključeni u partiju, jer se tako najefikasnije obezbeđuje ostvarivanje partijskih odluka. Problem je, međutim, što kadar državnog aparata time stiče mogućnost da odlučujuće utiče i na sadržinu partijskih odluka, u čemu je sadržana realna opasnost od birokratizacije partije. S obzirom na ulogu koju ima u raspolaganju sredstvima proizvodnje, birokratija je objektivno u poziciji da definiše i politiku partije.

Da bi mogla ostvarivati revolucionarnu ulogu u borbi za samoupravljanje, avangarda mora, zbog toga, da doživi korenite promene u svom sastavu. Težište njenog socijalnog oslonca mora sa profesionalnih vršilaca vlasti da se prenosi na najkreativnije delove radničke klase i društva u celini. Ako su u borbi za učvršćivanje vlasti radničke klase glavnu ulogu igrali kadrovi koji su zauzimali ključne pozicije u aparatu vlasti, udarnu snagu u borbi za samoupravljanje mogu činiti samo najkreativnije snage društva, koje su objektivno najviše zainteresovane za oslobođenje rada.

Najkreativniji delovi društva po svom objektivnom položaju predstavljaju potencijalno najsnažnijeg nosioca samoupravnih tendencija, pa, samim tim, i potencijalno najrevolucionarniju snagu u borbi za razvoj socijalističkih odnosa. Prirodno je da se za socijalistički produkcioni odnos i na njemu zasnovanu raspodelu prema radu najodlučnije bore oni koji svojim radom najviše stvaraju. Zbog toga avangardu u borbi za oslobođenje rada mora da čini avangarda rada.

Suštinu regeneracije avangarde koja odgovara njenoj ulozi u borbi za samoupravljanje čini, prema tome, takva transformacija njenog sastava koja od člana okrenutog prema vlasti vodi ka članu orijentisanom ka odumiranju vlasti kao osnovnoj pretpostavci oslobođenja rada. Problem je, međutim, što je za privlačenje snaga koje su najviše zainteresovane za oslobođenje rada potrebna organizacija koja već

45

prednjači u tom pravcu, a da bi se takva organizacija stvarala neophodan je odgovarajući sastav njenog članstva. Zbog toga regeneracija avangarde u duhu samoupravljanja predstavlja dugotrajan proces, koji se može uspešno vršiti samo borbom za samoupravljanje.

Borba za samoupravljanje u čitavom društvu, pa i unutar avangarde, dovodi do odgovarajuće polarizacije interesa. Dok se ranije polarizacija vršila na liniji za i protiv državne vlasti radničke klase, sada se ona vrši na liniji za i protiv odumiranja vlasti, odnosno za i protiv samoupravljanja. Idejno-politička orijentacija avangarde na samoupravljanje dolazi u sukob sa svim interesima koji su se u njoj stekli u prethodnom periodu a u suprotnosti su s istorijskim interesom radničke klase za oslobođenje rada.

Prirodno je, zbog toga, što najveća polarizacija nastaje među članstvom iz redova činovništva, a naročito iz redova profesionalnog upravljačkog kadra. Samoupravljanje dovodi ovaj kadar u protivrečnu situaciju: da ostvarivanjem vlasti vrši vlastito obezvlašćivanje. To uslovljava diferencijaciju na one koji nastoje da zadrže vlast i one koji svoju funkciju svesno podređuju ciljevima radničke klase, ili se po sili neizbežnosti povinuju procesu deetatizacije.

Takvom diferencijacijom nastaju kvalitativne promene u strukturi partijskog članstva iz redova profesionalnog upravljačkog kadra. Pomeranje se vrši u pravcu porasta broja onih koji svoj interes nalaze u funkciji samoupravnog razvoja društva, svesno napuštajući pozicije vlasti. Ukoliko samoupravljanje postaje društvena neminovnost, utoliko je sve evidentnije da se na odgovornim funkcijama mogu održati samo oni koji su tu neminovnost shvatili i svesno se stavili u njenu službu.

U toku razvoja jugoslovenskog samoupravljanja do sada su ispoljena tri karakteristična vida debirokratizacije. Jedan se sastoji u sve većem svođenju upravljačkih i političkih funkcija na operativno-izvršilačke poslove, drugi — u prelasku sa stalnog na povremeno profesionalno, i treći — u prelasku sa profesionalnog na volontersko obavljanje tih funkcija. Prvi vid debirokratizacije čini da obavljanje odgovornih funkcija u društvu sve manje izražava interes za ostvarivanje povlašćenih pozicija, a drugi, i pogotovu treći, da te funkcije postaju zanimljive samo kao uslov zadovoljavanja stvaralačkih potreba.

Ali, i onaj deo profesionalnog upravljačkog kadra koji nastoji da zadrži pozicije vlasti, zadržava interes ne samo za opstanak u Partiji nego i za odlučujući uticaj na njenu politiku i delovanje. Zbog toga polarizacija interesa na liniji oslobođenja rada često prerasta u političku konfrontaciju. To pokazuje da se borba za samoupravljanje mora voditi ne samo u društvu nego i unutar avangarde.

Nastojanja birokratije da se po svaku cenu održi u Partiji sasvim su razumljiva, jer se gubljenjem pozicija u Partiji gube pozicije vlasti. Sasvim je suprotno ponašanje sitnih sopstvenika, koji s obzirom na svoj društveni položaj objektivno ne mogu imati odlučujući uticaj na politiku i delovanje Partije, niti odsustvo u njoj bitno ugrožava njihov životni interes. To objašnjava pojavu da je seljak nakon raspuštanja seljačkih radnih zadruga u Jugoslaviji masovno napuštao partijsku organizaciju i ponovo se okretao svom privatnom posedu.

U čitavom dvadesetogodišnjem periodu razvoja samoupravljanja u Jugoslaviji seljak nije pokazivao veći interes za ulazak u Savez komunista, što pokazuje i podatak da je udeo seljaštva u strukturi partijskog članstva pao na oko 6%. Pošto je uglavnom razvijano u okviru preduzeća i imalo pretežno predstavnička obeležja, samoupravljanje nije mnogo zadiralo u životne interese seljaka. Interes za Savez komunista seljak je *ponovo* pokazivao samo utoliko ukoliko je stupao u odnose kooperacije sa društvenim i zadružnim sektorom, i ukoliko je na njih mogao da utiče preko partijske organizacije. Statistika pokazuje da su među članstvom SKJ iz redova seljaštva kooperanti već u drugoj deceniji razvoja kooperacije činili većinu.

Za razliku od seljaštva, samoupravljanje je već od početka pobudilo povećani interes radnika za ulazak u Savez komunista. Zahvaljujući tome, u SKJ je već nakon formiranja radničkih saveta zabeležen ubrzani porast članstva iz redova radnika. Ovaj trend je nastavljen u toku cele prve decenije razvoja samoupravljanja, kada je zbog njegove stagnacije privremeno zaustavljen, a zatim je ponovo nastavljen u vreme sprovođenja ustavne reforme, kojom je započeto pretvaranje samoupravljanja u integralni društveni sistem.

Čitavo vreme beležena je, međutim, velika fluktuacija radnika u Savezu komunista. Empirijska istraživanja koja su vršena pokazuju da su motivi ulaska radnika u partijsku organizaciju i izlaska iz nje bili mnogobrojni i veoma raznorodni. Njihov raspon se kretao od najviših komunističkih ideala do sasvim prozaičnih egoističkih ciljeva. Ako se ciljevi radi kojih su pristupili Savezu komunista nisu ostvarivali, radnici su se lakše od ostalih socijalnih kategorija odlučivali da istupe iz organizacije.

Krajnji rezultat ove fluktuacije bile su kvalitativne promene u strukturi partijskog članstva iz redova radnika. Povećavao se udeo onih koji su smisao pristupanja Savezu komunista videli u organizovanoj borbi za njegove programske ciljeve, a opadao broj onih koji su nastojali da svoje interese ostvare posredstvom autoriteta vlasti. Pri tom je relativno brže rastao udeo kvalifikovanih i visokokvalifikovanih radnika, što je jedan od indikatora kretanja ka sve kreativnijem sastavu organizacije.

Kretanja u ovom pravcu naročito su izražena u strukturi članstva iz redova inteligencije. U uslovima etatizma, za vlast i Partiju se relativno više vezivao onaj deo inteligencije koji je svoju afirmaciju teže ostvarivao intelektualnim stvaralaštvom, jer je autoritet vlasti omogućavao da se i u oblasti samog stvaralaštva stiče *lažna* afirmacija. Nasuprot tome, orijentacija Saveza komunista na razvoj samoupravljanja učinila ga je privlačnijim za inteligenciju koja svoj interes vidi pre svega u slobodi stvaralaštva i socijalističkoj raspodeli prema radu. Ispitivanja u nekim izrazito intelektualnim sredinama pokazala su da je interes najkreativnijih delova inteligencije za ulazak u Savez komunista utoliko veći ukoliko se njegove organizacije odlučnije bore za razvoj samoupravljanja.

Avangarda, dakle, ulazi u borbu za samoupravljanje sa sastavom koji nije u celini spreman za takvu borbu. Da bi odnos snaga što više promenila u prilog samoupravljanja ona se, radi bržeg oslobađanja od njegovih protivnika, mora širom otvoriti za njegove najvatrenije pobornike. A najvatrenije pobornike samoupravljanja avangarda može najlakše naći u onim slojevima društva koji su najmanje vezani za vlast i nasleđe etatizma — u redovima omladine.

Mlade generacije predstavljaju glavnog nosioca socijalne transformacije unutar svih društvenih grupa. Procesi demanuelizacije radničke klase, socijalizacije seljaštva i deetatizacije inteligencije razvijaju se uglavnom kroz životna opredeljenja i ostvarivanje odgovarajućih životnih ambicija omladine. Za stvaralačke ambicije, koje predstavljaju životno opredeljenje najvećeg dela omladine, jedino razvoj samoupravljanja otvara neograničenu društvenu perspektivu. Iz toga proističe prirodan interes omladine za taj razvoj, na kojem se zasniva njena sklonost ka odgovarajućim revolucionarnim promenama.

U svim revolucijama omladina je činila udarnu snagu. Nakon revolucija ona je potiskivana, i u tome je bio izvor njenog večitog bunta protiv postojećeg društvenog stanja. Pošto razvoj samoupravljanja znači u stvari permanentnu revoluciju, on otvara neograničene mogućnosti za ispoljavanje revolucionarnog potencijala mladih generacija, u kojem i leži glavna snaga tog razvoja. Bez oslanjanja na ovaj potencijal ni avangarda ne može da ostvaruje svoju ulogu.

V

SAMOUPRAVLJANJE I PROMENE
U SVESTI AVANGARDE

Na dijalektičkom odnosu između istorijskih i neposrednih interesa radničke klase, te između njenih opštih interesa i posebnih interesa njenih delova, odnosno individualnih interesa radnika, objektivno je zasnovana klasna svest avangarde. Prevazilaženje protivrečnosti ovih interesa, koje se može vršiti samo svesnom i organizovanom akcijom klase, čini društvenu osnovu razvoja klasne svesti uopšte, pa i svesti avangarde. Samoupravljanje, kao veliki istorijski proces tog prevazilaženja, uslovljava radikalne promene u svesti socijalističkog pokreta i njegove avangarde.

Fetišizacijom avangarde, u komunističkom pokretu je često fetišizirana i njena svest. Kao što je interes klase metafizički izdvajan i stavljan iznad ličnih interesa komunista, tako je i njihova klasna svest idealistički shvatana i suprotstavljana njihovom ličnom interesu. Na tome je građen svojevrstan teistički moral pokreta kojim se nastojalo obezbediti slepo i bespogovorno izvršavanje direktiva partijskog rukovodstva.

Međutim, tamo gde nema nikakve podudarnosti između ličnog i klasnog interesa ne može biti ni stvarne klasne svesti. Svesno opredeljivanje za određeni klasni pokret uvek je zasnovano na manjem ili većem saznanju te podudarnosti. Bilo bi, inače, neprirodno da se ljudi ponašaju suprotno svojim interesima. Fetišizaciji klasne svesti pribegavano je u stvari samo onda kada su za interes radničke klase proglašavani interesi birokratije, koji su zaista nespojivi sa stvarnim interesima radnika.

Klasna svest ne proističe, međutim, automatski iz objektivne podudarnosti ličnog i klasnog interesa. Moguće je da ova podudarnost postoji a da nedostaje svest o njoj, kao što su moguće iluzije o podudarnosti kad nje stvarno nema. Stvarna svest je rezultat i objektivne datosti i subjektivnih napora koji se čine putem praktično-političke i teorijsko-obrazovne aktivnosti. Ona predstavlja objektivno saznanje o stepenu podudarnosti, ali i o karakteru protivrečnosti datih interesa.

Ali, da bi se shvatio odnos između ličnog i klasnog interesa istovremeno mora da se shvati odnos između opšteg interesa klase i posebnih interesa njenih delova, kao i između neposrednog i istorijskog interesa klase. Zablude u radničkom pokretu su najčešće i nastajale na bazi identifikacije istorijskog s neposrednim i opšteg s parcijalnim interesima klase. Iako su obično proisticale iz dominacije određenih interesa koji su suprotni interesima radničke klase, takve identifikacije su za pojedine delove klase bile privlačne jer su odgovarale njihovim trenutnim interesima.

Do sada su sve komunističke partije po dolasku na vlast manje ili više izjednačavale istorijske ciljeve radničke klase s neposrednim interesom za učvršćenje vlasti. To je objektivno odražavalo interes birokratije, jer je na taj način država predstavljana kao trajni i autentični oblik socijalističkog uređenja. Orijentacijom na samoupravni kurs razvoja društva Savez komunista je prvi počeo da razbija takve iluzije u komunističkom pokretu, iako samoupravljanje u shvatanjima klasika marksizma čini suštinu socijalizma.

Svest o autentičnom interesu klase je bitna pretpostavka revolucionarnog delovanja. Avangarda bi, po prirodi svoje uloge, morala okupljati najsvesnije pripadnike socijalističkog pokreta. Borba za samoupravljanje, zbog svog karaktera, zahteva visoku klasnu svest celokupnog samoupravnog pokreta, a pogotovu njegovog avangardnog dela.

U fazi učvršćivanja državne vlasti odlučujuću ulogu u preduzimanju revolucionarnih mera ima, međutim, rukovodstvo partije, dok se uloga članstva svodi uglavnom na disciplinovano sprovođenje tih mera. Pošto se neposredno oslanja na vlast, partiji za ostvarivanje revolucionarnih mera nije neophodno masovno *idejno*-političko delovanje, pa joj zbog toga nije neophodna ni visoka klasna svest *celokupnog* članstva. Zahvaljujući tome, partija može da vrši masovni prijem iz redova svih socijalnih grupacija a da nizak idejni nivo članstva ne utiče *bitno* na ostvarivanje njene uloge.

Nakon osvajanja vlasti, u svim radničkim partijama je odlučujući kriterijum za prijem u organizaciju bio odnos prema konkretnim partijsko-državnim merama, a ne svest o istorijskim ciljevima radničke klase. Da je postavljan zahtev da se moraju imati komunistički pogledi, tako brzo omasovljenje partija u nerazvijenim zemljama ne bi bilo moguće. Jer, najsiromašniji slojevi stanovništva, iz kojih su one najviše regrutovale svoje članstvo, bili su istovremeno i najmanje obrazovani, a ni usmeno širenje komunističkih ideja nije imalo masovne razmere. Kriterijumi prijema u partiju podudarali su se, u stvari, sa kriterijumima opstanka u njoj, jer je sprovođenje konkretnih partijsko-državnih mera bilo osnovni zadatak člana. On nije bio pozvan da određuje klasnu sadržinu političkih akcija, niti da stvara, već samo da sprovodi partijske odluke. Sposobnost za idejno-političko delovanje nije imala odlučujuću ulogu u ostvarivanju njegove funkcije u organizaciji, jer je on delovao uglavnom po direktivama rukovodstva.

Ako ne učestvuje neposredno u stvaranju politike partije, član nije u poziciji da redovno ispoljava svoja shvatanja. Njegova svest može, ali i ne mora da se ispoljava kroz njegovo političko ponašanje. U stvari, sâm interes za održanje u organizaciji reguliše to ispoljavanje, potiskujući svest koja se razilazi s linijom partije. Tako se stvara privid idejne homogenosti, koji omogućava da se svaki član, nezavisno od ličnih uveđenja, pojavljuje kao oličenje partijske idejnosti.

Ako se različita shvatanja ne ispoljavaju, ne može biti ni borbe mišljenja u partiji. A bez borbe mišljenja nema idejne diferencijacije, ni kontinuiranog oslobađanja organizacije od članova koji se razilaze s njenim idejnim opredeljenjima. To omogućava da se heterogeno idejno stanje u organizaciji trajno održava i da se, usled zapostavljanja idejnih kriterijuma prijema, čak i pogoršava u smislu povećanja broja članova s nerazvijenom klasnom svešću. S niskim nivoom klasne svesti, pa i sa suprotnim pogledima, može se u partiju lako ući i u njoj dugo opstati pod uslovom da se izbegava otvorena konfrontacija s njenim stavovima.

Takvo stanje može se prevazići samo borbom za samoupravljanje, koja zahteva samostalno i javno idejno-političko delovanje svakog pripadnika samoupravnog pokreta. Ona i u društvu i u avangardi uslovljava idejnu polarizaciju na liniji etatizam—samoupravljanje. Ali i ovde se idejna diferencijacija vrši zavisno od intenziteta borbe za samoupravljanje. Interes da se po svaku cenu opstane u partiji čini da se otpor samoupravnim opredeljenjima pruža više prikriveno nego otvoreno i više praktičnim delovanjem nego idejnom konfrontacijom.

Proces idejne homogenizacije avangarde je, u stvari, postepen i dugotrajan kao što je i sâm razvoj samoupravljanja. Ako se u društvu održavaju etatistički odnosi, tada je moguće da se u organizaciji avangarde još zadržavaju i članovi s nesocijalističkim pogledima. Iz interesa da se sačuvaju povlašćene pozicije u društvu proističu shvatanja koja etatizam, tehnokratizam i druge oblike političkog elitizma pretpostavljaju samoupravljanju.

Empirijska istraživanja pokazuju da je i nakon dve decenije borbe za samoupravljanje u Savezu komunista Jugoslavije bio prisutan relativno velik broj članova s nesocijalističkim pogledima. Prema već pomenutoj anketi, 1972. godine je samo 14% anketiranih građana mislilo da u Savezu komunista nema članova s pogledima tuđim samoupravnom socijalizmu. To pokazuju i direktno izražena shvatanja članova Saveza komunista. Oko 32% anketiranih članova odgovorilo je da država treba da jača, a 23% da nema pitanja koja rešavaju državni organi a trebalo bi da ih rešavaju samoupravljači. Više od 9% opredelilo se za veća prava stručnjaka u odnosu na ostale faktore u radnoj organizaciji.

Zadržavanje etatističkih odnosa i odgovarajuće delovanje Saveza komunista uticali su i na održavanje idejno neopredeljenih članova u organizaciji. Prema empirijskom istraživanju iz 1972. godine, u Savezu komunista je bilo relativno mnogo članova koji nisu shvatali suštinu društvenih promena, pa ih za organizaciju nisu ni mogla vezivati idejna opredeljenja. Oko 37% članova nije znalo da odgovori ima li pitanja koja rešavaju državni organi a trebalo bi da ih rešavaju samoupravljači, dok 8% nije moglo da se opredeli ni za jednu od tri moguće alternative — jačanje, odumiranje ili likvidaciju države.

Tendencije svođenja uloge Saveza komunista na usklađivanje različitih interesa vodile su stvaranju idejne koegzistencije u organizaciji. One su, u svakom slučaju, uticale na slabljenje idejnih kriterijuma prijema i opstanka u Savezu komunista. Od članova Saveza komunista anketiranih 1972. godine, 76% je izjavilo da su kriterijumi prijema novih članova blaži, a samo 4% da su stroži nego što treba da budu. Po mišljenju 35% članova, odnos prema samoupravljanju i samoupravno angažovanje su malo, vrlo malo ili nimalo uzimani kao kriterijum prijema, dok je 40% odgovorilo da se to čini samo osrednje. U isto vreme, 50% članova je tvrdilo da je idejno jedinstvo u njihovoj organizaciji osrednje, a samo 30% da je veliko ili vrlo veliko.

Borba za pretvaranje samoupravljanja u opštedruštveni sistem uslovila je intenzivnu idejnu diferencijaciju u Savezu komunista. Sve snage koje su težile ostvarivanju monopola vlasti našle su se u direktnom sukobu s takvom orijentacijom Posledica toga bile su krupne kadrovske promene u partijskom i državnom aparatu, jer je Savez komunista morao napustiti i jedan broj članova koji su obavljali veoma odgovorne političke funkcije.

Većina kadra koji se našao u sukobu sa samoupravnim kursom Saveza komunista regrutovana je u uslovima etatizma, što već samo po sebi demantuje mišljenje da je samoupravljanje uzrok idejne heterogenosti avangarde. Samoupravljanje je, u stvari, samo obelodanilo idejno stanje koje je u Partiji već postojalo. Ukoliko je idejna heterogenost i dalje reprodukovana, na to su uglavnom uticale devijantne tendencije koje su pratile razvoj samoupravljanja i ostvarivanje društvene uloge avangarde.

Samoupravljanje po svojoj prirodi zahteva javno ispoljavanje političkih pogleda. Da bi se demokratskim putem ostvarili određeni interesi neophodna je njihova društvena afirmacija, koja se može postići samo javnim idejno-političkim delovanjem. Zbog toga su sve društvene snage objektivno »prinuđene« da otvoreno iznose svoje ciljeve, što neizbežno vodi direktnoj konfrontaciji različitih društvenih težnji. Ako je razvijeno demokratsko formiranje javnog mnenja, nesocijalistički ciljevi moraju da ustupaju pred socijalističkim.

To ne samo u avangardi već u celom društvu vodi sve većoj idejnoj homogenizaciji. Empirijska istraživanja pokazuju da se uporedo s razvojem samoupravljanja iz generacije u generaciju stalno povećava broj članova društvene zajednice koji se svesno opredeljuju za taj razvoj. Od građana (uključujući i komuniste) anketiranih 1972. godine, 49% do 38 godina starosti i 46% iznad 49 godina izjasnilo se za dalje odumiranje države i razvijanje samoupravnog udruživanja proizvođača, 36% mlađih i 31% starijih za prenošenje određenih nadležnosti sa državnih organa na samoupravljače, odnosno 47% iz prve i 44% iz druge grupacije za povećavanje prava organima samoupravljanja i radnim jedinicama u radnoj organizaciji. Razlika je još izrazitija u shvatanju kriterijuma prijema i opstanka u Savezu komunista, jer je 68% građana do 38 godina i samo 53% iznad 49 godina izrazilo mišljenje da odnos prema samoupravljanju i samoupravno angažovanje treba mnogo, ili vrlo mnogo, uzimati kao kriterijum prijema i opstanka u Savezu komunista.

O procesu idejne homogenizacije u Savezu komunista svedoče i shvatanja bivših članova, koja su po stepenu progresivnosti znatno ispod idejnog nivoa organizacije. Od građana anketiranih 1972. godine, 58% tadašnjih i 39% bivših članova Saveza komunista izjasnilo se za odumiranje, a 32% iz prve i 44% iz druge grupacije za jačanje države. Shodno tome, 40% tadašnjih i 36% bivših članova odgovorilo je da određena pitanja koja su tada rešavali državni organi treba da rešavaju samoupravljači, a 25% iz prve i 19% iz druge grupacije da treba povećati prava radnih jedinica u odnosu na ostale faktore u radnoj organizaciji. Razlika je naročito velika u shvatanju kriterijuma prijema i opstanka u Savezu komunista, jer su 74% tadašnjih i samo 54% bivših članova smatrali da odnos prema samoupravljanju i samoupravno angažovanje treba mnogo, ili veoma mnogo, uzimati za kriterijum.

Idejna homogenizacija se odvija i kroz stalno smanjivanje udela idejno neopredeljenih u ukupnoj strukturi članstva. Anketna ispitivanja su pokazala da kod generacija koje se formiraju i uslovima samoupravnog razvoja društva procenat idejno neopredeljenih opada s godinama starosti; dok udeo opredeljenih za samoupravljanje raste. Anketa iz 1972. godine je pokazala da je udeo neopredeljenih u strukturi bivših članova bio znatno veći nego u strukturi tadašnjih članova Saveza komunista. Svoj odnos prema državi u tadašnjim jugoslovenskim uslovima nije znalo da odredi oko 8% tadašnjih i 15% bivših članova Saveza komunista, prema prenošenju nadležnosti sa državnih organa na samoupravljače 37% tadašnjih i 50% bivših, prema ulozi pojedinih faktora u radnoj organizaciji 5% tadašnjih i 13% bivših, a prema samoupravnom opredeljenju i angažovanju kao kriterijumu prijema i opstanka u Savezu komunista 5% tadašnjih i 19% bivših članova.

Idejna homogenizacija avangarde ne znači, međutim, izjednačavanje svesti njenog članstva. Kvantitativnim širenjem socijalističke svesti nastaju istovremeno kvalitativne promene u shvatanju samoupravljanja. U početku je samoupravljanje poimano pretežno kroz kategorije predstavničke demokratije. Ali, ukoliko je više vođena borba za *neposredno* samoupravno odlučivanje, ono je sve više shvatano kao neposredna socijalistička demokratija. Iz anketnih odgovora može se zaključiti da je u svesti članstva SKJ već 1972. godine prioritet davan razvoju neposrednog samoupravljanja. Od anketiranih članova 25% je izrazilo mišljenje da u radnoj organizaciji treba povećati prava organima samoupravljanja, a oko 26% radnim jedinicama, da bi odnosi među ljudima bili još više socijalistički.

Kvalitativnim promenama u shvatanju samoupravljanja nastaju nove razlike u stepenu socijalističke svesti i u društvu i unutar avangarde. Razlike u društvenom položaju, stepenu društvenopolitičke angažovanosti i individualnim sposobnostima članova samoupravne zajednice uslovljavaju da oni različitom brzinom poniru u suštinu samoupravljanja. Individualne razlike u nivou socijalističke svesti su, u stvari, zakonita pojava njenog razvoja.

Razlike u stepenu socijalističke svesti u osnovi su uslovljene razlikama u društvenom položaju. Socijalistička opredeljenost, u krajnjoj liniji, proističe iz interesa za oslobođenje rada. Zbog toga je ona objektivno najbliža onim socijalnim grupacijama koje su za oslobođenje rada najviše zainteresovane. Ako se opredeljenje za odumiranje države, prenošenje nadležnosti sa državnih organa na samoupravljače, jačanje uloge organa samoupravljanja i radnih jedinica u radnoj organizaciji, te odnos prema samoupravljanju kao odlučujućem kriterijumu prijema i opstanka u Savezu komunista kumulativno uzmu za merilo socijalističke svesti, onda, prema napred pomenutoj anketi, relativni kvantum (u odnosu na datu grupaciju kao celinu) te svesti iznosi: kod seljaka 36%, kod administrativnog osoblja s nižim obrazovanjem 44%, kod radnika 54% i kod inteligencije 65%. Slične su razlike i u kvantumu socijalističke opredeljenosti pripadnika ovih grupacija u Savezu komunista, jer pomenute alternative prihvata 45% administrativnih službenika, 55% radnika i 66% intelektualaca — članova SK.

Veći kvantum socijalističke opredeljenosti inteligencije u odnosu na radnike može se objasniti većom društvenom aktivnošću i višim stepenom obrazovanja. To potvrđuju i upadljive razlike unutar same inteligencije, jer je kvantum socijalističke opredeljenosti humanitarne inteligencije za 6%, a njenih pripadnika u Savezu komunista za 9% veći nego kod tehničke inteligencije. Ova razlika je pre svega rezultat većeg društveno-političkog angažovanja i potpunijeg društvenog obrazovanja humanitarne inteligencije.

Ali ako se za kriterijum socijalističke opredeljenosti uzme samo odnos prema neposrednom samoupravnom odlučivanju, onda su radnici ispred inteligencije, jer se 30% anketiranih radnika i 25% intelektualaca, odnosno 29% članova Saveza komunista iz prve i 28% iz druge grupacije opredelilo za jačanje uloge radnih jedinica. Rezultati ankete pokazuju da je stepen opredeljenosti za neposredno samoupravno odlučivanje obrnuto srazmeran mogućnostima participiranja u posrednom upravljanju. Za jačanje uloge radnih jedinica više se opredeljuju nekvalifikovani nego kvalifikovani radnici, i više inteligencija sa srednjim nego s visokim obrazovanjem.

U vreme sprovođenja ankete neposredna samoupravna demokratija još nije bila ni praktično razvijena ni teorijski afirmisana, zbog čega se svest o njoj nije mogla znatnije razvijati putem društveno-političke aktivnosti i obrazovanja. Opredeljivanje za takvu demokratiju vršeno je uglavnom na osnovi spontanog sagledavanja interesa. Otuda je neposredna demokratija najbrže prihvatana među grupacijama koje su u sistemu predstavničke demokratije najviše potisnute.

Socijalistička svest može se organizovano razvijati samo putem organizovane borbe za razvijanje socijalističkih odnosa. To je istovremeno bitna pretpostavka kvalitativnih promena u razvoju svesti. Neposredno učešće u socijalističkoj revoluciji je uslov da se shvate ne samo ciljevi socijalizma već i putevi koji vode njihovom ostvarenju. Samo opredeljenje za socijalističke ciljeve, bez shvatanja puteva njihovog ostvarenja, još ne znači razvijenu socijalističku svest jer ti putevi upravo i predstavljaju socijalizam kao društveni proces.

Rezultati anketnih ispitivanja pokazuju da mlade generacije prednjače u opredeljivanju za samoupravljanje, ali da u shvatanju puteva samoupravnog razvoja društva zaostaju za generacijama koje su u borbi za taj razvoj stekle određeno iskustvo. Krivulja kojom se mogu izraziti generacijske razlike u shvatanju razvoja samoupravljanja penje se do pete decenije života, a zatim pada. Od anketiranih članova Saveza komunista, za odumiranje države izjasnilo se 42% do 27 godina starosti, 58% od 28—38, 61% od 39—49, i 57% iznad 49 godina; za dalje prenošenje nadležnosti sa državnih organa na samoupravljače izjasnilo se 35% do 27 godina, 49% od 28—38, 44% od 39—49, i 43% preko 49 godina; za jačanje uloge radnih jedinica 26% do 27 godina, 27% od 28—38, 30% od 39—49, i 25% iznad 49 godina; za samoupravno opredeljenje i angažovanje kao kriterijum prijema i opstanka u Savezu komunista 73% do 27 godina starosti, 77% od 28—38%, 70% od 39—49%, i 65% onih koji imaju više od 49 godina.

Pad krivulje ne označava napuštanje socijalističkih opredeljenja od strane starijih generacija, pa ni njihovu idejnu stagnaciju, već znatno dinamičniji razvoj svesti mlađih generacija. I sama društveno-politička aktivnost na određenom stepenu ispoljavanja dostiže zenit u svom uticaju na formiranje svesti, posle čega se njen efekat smanjuje. Krivulja njenog uticaja u osnovi se podudara s generacijskom krivuljom koja označava razvoj socijalističke svesti.

Ako prednjači u borbi za razvijanje socijalističkih odnosa, avangarda, prema tome, mora da prednjači i u shvatanju socijalističkih ciljeva. Zbog toga je neosnovano shvatanje da je u socijalizmu idejno stanje u organizaciji avangarde samo odraz idejnog stanja u društvu. Između idejnog stanja u društvu i avangardi sigurno ne može biti apsolutne razlike, jer je avangarda integralni deo društva. Ali, vodeću idejno-političku ulogu avangarda može da ostvaruje samo ako je njen idejni nivo iznad opšteg idejnog stanja u društvu.

Rezultati empirijskih istraživanja pokazuju da između idejnog nivoa avangarde i društva i u uslovima samoupravljanja postoje izrazite razlike. Od anketiranih građana, oko 58% članova Saveza komunista i samo 33% nečlanova izrazilo je mišljenje da država u datim jugoslovenskim uslovima (1972. godina) treba da odumire, 40% pripadnika prve i 33% pripadnika druge grupacije da određena pitanja koja su rešavali državni organi treba da rešavaju samoupravljači, a 50% članova i 42% nečlanova da organima samoupravljanja i radnim jedinicama treba povećati prava u odnosu na ostale faktore u radnoj organizaciji.

Ali pošto samoupravljanje podrazumeva društveno-političko aktiviranje svih članova samoupravne zajednice, prirodno je da se njegovim razvojem smanjuju razlike u idejnom nivou društva i avangarde. Rezultati anketnog ispitivanja pokazuju da je nivo svesti u SKJ rastao relativno sporije nego u društvu. Za odumiranje države članovi Saveza komunista mlađih generacija su se opredelili za 6%, a starijih generacija za 11% više nego svi anketirani; za prenošenje nadležnosti sa državnih organa na samoupravljače za 2% odnosno 6%; za povećavanje uloge organa samoupravljanja i radnih jedinica za 3% odnosno 10%; i za odnos prema samoupravljanju i samoupravno angažovanje kao kriterijum prijema i opstanka u Savezu komunista za 8% odnosno 12%.

VI

SAMOUPRAVLJANJE
I DRUŠTVENO-POLITIČKO
OBRAZOVANJE AVANGARDE

Pored revolucionarnog socijalističkog delovanja, društveno-političko obrazovanje čini bitan faktor formiranja socijalističke svesti. Otuda potreba socijalističkog pokreta da širenjem tekovina naučno-teorijske misli i saznanja o neposrednim društvenim zbivanjima stalno utiče na formiranje pogleda koji izražavaju istorijske interese radničke klase. To je još više potreba avangarde, koja mora idejno da prednjači. Da je obrazovanje uopšte faktor idejne opredeljenosti svedoči pravilo da socijalistička svest raste srazmerno stepenu obrazovanja. U napred pomenutoj anketi, za odumiranje države i jačanje uloge samoupravno udruženih proizvođača izjasnilo se oko 24% građana bez škole, 32% s osmogodišnjom osnovnom školom, 56% sa srednjom stručnom školom i 66% s fakultetom, a za samoupravno opredeljenje i angažovanje kao odlučujući kriterijum prijema i opstanka u Savezu komunista 52% pripadnika prve, 56% druge, 70% treće i 73% četvrte grupacije. Ako se odnos prema ovim pitanjima kumulativno uzme za kriterijum idejne opredeljenosti, onda, prema rezultatima ankete, nije znalo da se opredeli oko 15% građana bez škole, 14% s osnovnom školom, 10% sa srednjom stručnom školom i 8% s fakultetom.

Formiranje socijalističkih pogleda najneposrednije je uslovljeno društvenim, odnosno društveno-političkim obrazovanjem. Zbog toga je razumljivo što škole humanitarnog smera daju u tom pogledu solidniju osnovu od tehničkih škola, u kojima su društvene nauke manje zastupljene. Rezultati ankete pokazuju da su pogledi na društvo razvijeniji i određeniji kod građana sa završenim školama humanitarnog smera nego kod onih koji su završili tehničke škole. Ilustrativna je u tom pogledu razlika između građana sa srednjom stručnom školom i gimnazijom u odnosu na ulogu države i samoupravljanja. Za odumiranje države i jačanje uloge samoupravno udruženih proizvođača opredelilo se 56% anketiranih sa srednjom stručnom školom i 96% s gimnazijom, dok među neopredeljene zbog neznanja spada 11% pripadnika prve i samo 1% pripadnika druge grupacije.

Prirodno je da nivo društveno-političkog obrazovanja avangarde bude iznad opšteg nivoa ovog obrazovanja u društvu. To potvrđuju i rezultati anketnog ispitivanja: 32% anketiranih građana reklo je da većina članova SK više od ostalih samoupravljača poznaju društvene procese i odnose u jugoslovenskom društvu, 7% reklo je da poznaju manje, dok 43% nije u tom pogledu uočavalo razliku. Upitani koja dva čoveka u njihovoj sredini najbolje poznaju jugoslovensko društvo i smisao njegovih kretanja, za jednog je 74% anketiranih reklo da je član SK, za drugog 67%, dok je za prvog 16% a za drugog 22% reklo da nije član.

Samoupravljanje se od faze osvajanja vlasti razlikuje po tome što postavlja imperativni zahtev za obrazovanje *celokupnog* članstva avangarde. Ukoliko u fazi osvajanja vlasti nije neophodna razvijena socijalistička svest svih članova avangarde, utoliko nije neophodno ni razvijeno društveno-političko obrazovanje svakog člana. U svim nerazvijenim zemljama partije koje su rukovodile revolucijom regrutovale su svoje članstvo uglavnom iz nepismenih ili poluobrazovanih slojeva stanovništva. U Savezu komunista Jugoslavije, na primer, 1948. godine je bilo 6,9% članova bez ikakve škole i 55,3% koji su imali samo četvorogodišnju osnovnu školu. U isto vreme, 68% članova partijskih rukovodstava posedovalo je samo osnovno obrazovanje, dok 9,9% nije imalo ni osnovnu školu[7].

Pošto funkcija avangarde u borbi za samoupravljanje podrazumeva samostalno idejno-političko delovanje celokupnog članstva, neophodno je da se svaki član osposobljava za takvo delovanje. Što je viši obrazovni nivo avangarde, veće su mogućnosti njenog revolucionarnog delovanja, pa je efikasnije i ostvarivanje njene vodeće uloge. Nizak obrazovni nivo Saveza komunista Jugoslavije bio je ozbiljna smetnja za njegovo revolucionarno delovanje na ostvarivanju samoupravnog kursa. On je olakšavao prodor nesocijalističkih tendencija, koje su sputavale organizaciju u ostvarivanju revolucionarne uloge.

Ali i nesocijalističke tendencije su, sa svoje strane, uticale na zapostavljanje društveno-političkog obrazovanja. Organizacije i organi

---

7) Peti kongres KPJ, juli 1948, stenografske beleške, Arhiv CK SKJ

SK nisu se, usled toga, uvek sistematski bavili problemima ovog obrazovanja. U anketi iz 1970. godine, 42% članova Saveza komunista odgovorilo je da njihova organizacija ne poklanja dovoljno pažnje društveno-političkom obrazovanju.[8] Takav odnos je morao uticati na smanjenje obrazovne aktivnosti. U Srbiji je, na primer, broj polaznika večernjih političkih škola pao od 1965. do 1972. godine sa 7.849 na 3.266, dok se na radničkim i narodnim univerzitetima broj polaznika obuhvaćenih društveno-političkim i ekonomskim obrazovanjem od 1963. do 1970. godine smanjio sa 99.393 na 56.964, broj javnih predavanja sa 11.180 na 9.780, a broj slušalaca na njima sa 1,238.497 na 650.399.[9]

Samoupravljanje je, međutim, u celini ubrzalo porast opšteg obrazovnog nivoa, pa i nivoa društveno-političkog obrazovanja članova Saveza komunista. Do 1973. godine udeo kvalifikovanih i visokokvalifikovanih radnika u članstvu SKJ porastao je na 26,2%, udeo članova s visokim i višim obrazovanjem na 19,4% i sa srednjim obrazovanjem na 24,8%.[10] Veliki broj članova završio je političke škole i učestvovao u raznim drugim oblicima društveno-političkog obrazovanja.

Razvoj samoupravljanja objektivno uslovljava porast obrazovnog nivoa i avangarde i društva u celini. Ukoliko članovi samoupravne zajednice više učestvuju u upravljanju, utoliko je veća potreba za njihovim obrazovanjem. Iz toga proističe i njihov interes za obrazovanje i, posebno, za sticanje znanja iz društvenih nauka. U napred pomenutoj anketi 87% građana pokazalo je interes za društveno-političko obrazovanje, dok je 58% izrazilo veliku, a 37% delimičnu zainteresovanost da se takvo obrazovanje organizuje u njihovoj radnoj organizaciji.

Razvojem samoupravljanja sve se više izjednačavaju potrebe samoupravljača za društveno-političkim obrazovanjem, što uslovljava smanjivanje razlika u nivou obrazovanja. Time se, istovremeno, smanjuju i razlike u nivou obrazovanja društva i avangarde. Avangarda na to i sama utiče, jer svojim idejno-političkim delovanjem stalno doprinosi društveno-političkom obrazovanju samoupravljača, koje pak, sa svoje strane, olakšava delovanje avangarde.

Uporedo s tim, prevazilaze se i razlike koje u društveno-političkom obrazovanju postoje unutar same avangarde. U svim vladajućim partijama društveno-političko obrazovanje je diferencirano prema funkciji koju član obavlja u partijskom ili državnom aparatu. Obrazovanje rukovodećeg kadra se i po formi i po sadržini razlikuje od obrazovanja ostalog članstva. Partijske škole su obično zatvorenog tipa i najčešće su nedostupne širem partijskom članstvu.

---

[8] Anketa je sprovedena u organizaciji Instituta za političke studije Fakulteta političkih nauka u Beogradu
[9] Dokumentacija Instituta za političke studije Fakulteta političkih nauka u Beogradu
[10] Dokumentacija CK SKJ

Ostvarivanje vodeće uloge avangarde u borbi za samoupravljanje neizostavno vodi prevazilaženju ove podvojenosti. U SKJ je već u početnoj fazi razvoja samoupravljanja praktično ukinuta diferenciranost društveno-političkog obrazovanja prema funkciji člana. Partijske škole su transformisane u obrazovne institucije otvorenog tipa, dostupne ne samo članstvu SKJ već i ostalim građanima.

Razvoj samoupravljanja uslovljava radikalne promene i u sadržini društveno-političkog obrazovanja. U fazi uspostavljanja državne vlasti, društveno-političko obrazovanje je u svim socijalističkim zemljama svedeno uglavnom na agit-propagandu podređenu ostvarivanju partijsko-državnih odluka. Zbog toga je ono svugde imalo pretežno pragmatični karakter, koji je pogodovao širenju dogmatizma. Funkcija agit-propagande je često svođena na fetišizaciju partijsko-državnih odluka i stvaranje apsolutnog poverenja u partijsko i državno rukovodstvo.

Nasuprot tome, razvojem samoupravljanja društveno-političko obrazovanje sve više dobija stvaralački karakter. U Jugoslaviji je samoupravljanje višestruko uticalo na sadržinu ovog obrazovanja. Pre svega, sve je više širena tematika posvećena samoupravljanju, i to kako apsolutno tako i relativno u odnosu na ukupan obrazovni program. Hronološka analiza programa rada radničkih i narodnih univerziteta pokazala je da je kod većine stalno rastao broj tema posvećenih samoupravljanju.

Drugi osnovni pravac uticaja sastojao se u stalnom produbljivanju sadržine obrazovanja, u smislu sve većeg poniranja u suštinu socijalizma i zakonitosti njegovog razvoja. Hronološka analiza sadržine obrazovanja pokazuje da su uporedo s razvojem samoupravljanja menjane i predstave o socijalizmu. Dok je do usvajanja samoupravnog kursa socijalizam prikazivan kroz vladavinu države, a u početnoj fazi razvoja samoupravljanja kroz rad samoupravnih organa, u fazi neposredne samoupravne demokratije sve se više prikazuje kao neposredno odlučivanje samoupravljača.

Ukoliko su se, međutim, u društvu održavali etatistički odnosi, utoliko je društveno-političko obrazovanje i dalje zadržavalo određena agit-propagandna obeležja. Devijacije koje su pratile razvoj samoupravljanja takođe su uticale da se u obrazovnom procesu manje ili više skreće bilo u pragmatizam bilo u apstraktni akademizam. Usled toga društveno-političko obrazovanje nije do kraja bilo u funkciji revolucionarne akcije na razvijanju socijalističkih odnosa, što je umanjivalo interes samoupravljača, pa i članova Saveza komunista, za uključivanje u postojeći sistem obrazovanja.

61

Zadržavanjem stare sadržine zadržavane su i stare forme obrazovanja, koje su čoveka stavljale u poziciju objekta obrazovanja. Klasični oblici školske nastave, kursevi i javna predavanja, gde se vaspitanik pojavljuje kao pasivni primalac znanja, sve su više dolazili u koliziju s aktivnom društvenom ulogom samoupravljača, koja po svojoj prirodi teži da se proširuje i na sferu obrazovanja. Od građana anketiranih 1970. godine samo se 4% izjasnilo za primenu postojećih formi društveno-političkog obrazovanja, 20% za njihovo poboljšanje, a 39% za traženje novih formi. Za povremena predavanja kao moguću formu obrazovanja opredelilo se 10%, a za posebne kurseve 9% anketiranih.

Socijalističko vaspitanje i obrazovanje mora, po prirodi interesa radničke klase, da ima stvaralačko-revolucionarni karakter. U uslovima samoupravljanja to podrazumeva izgrađivanje ličnosti sposobne da se samostalno bori za razvoj socijalističkih odnosa. Pošto razvoj samoupravljanja pretpostavlja revolucionarnu mobilnost celog društva, takve sposobnosti moraju da se razvijaju kod svih članova društvene zajednice.

Stvaralačko-revolucionarne sposobnosti mogu se uspešno razvijati samo ako društveno-političko obrazovanje polazi od konkretnih potreba *revolucionarnog* delovanja i ako služi njihovom zadovoljavanju. Jedino u tom slučaju ono i odgovara autentičnom interesu samoupravljača. Od anketiranih članova SK, 62% se izjasnilo za povezivanje socijalističkog vaspitanja i obrazovanja sa društveno-političkim delovanjem. To je, istovremeno, osnovna pretpostavka za prevazilaženje i pragmatizma i apstraktnog akademizma u vaspitno-obrazovnom radu.

Ukoliko vaspitno-obrazovni rad više dobija stvaralačko-revolucionarni karakter, utoliko vaspitanik od objekta sve više postaje subjekt vaspitanja i obrazovanja, koji igra aktivnu ulogu ne samo u izboru sadržine i formi obrazovanja već i u samom procesu usvajanja društvenih normi i znanja. Obrazovanje se na taj način sve više pretvara u samoobrazovanje, u kojem lična opredeljenja i individualna aktivnost vaspitanika imaju odlučujuću ulogu. Time se neizostavno menjaju i forme obrazovanja, koje u procesu samoobrazovanja moraju odgovarati aktivnoj ulozi vaspitanika.

Posledica prerastanja obrazovanja u samoobrazovanje je relativno smanjivanje direktnog vaspitno-obrazovnog uticaja avangarde. Rezultati ankete iz 1972. godine pokazuju da se taj uticaj zakonito smanjuje i u odnosu na članove same avangarde. Da je Savez komunista najviše uticao na njihovo shvatanje samoupravljanja izjavilo je 27% građana (uključujući i komuniste) između 39 i 49 godina starosti, 16% između 28 i 38 godina i samo 10% onih ispod 28 godina. Kod samih članova

Saveza komunista ove razlike su čak i veće, jer je isto izjavilo 41% članova između 39 i 49 godina, 21% između 28 i 38, i 15% onih ispod 28 godina.

U fazi uspostavljanja državne vlasti sve partije su istovremeno uspostavile i centralizovano rukovođenje celokupnim sistemom društveno-političkog obrazovanja. Time je obezbeđena direktna kontrola nad vaspitanjem i obrazovanjem, ali je i sva inicijativa u vaspitno-obrazovanom radu koncentrisana u partijskom i državnom aparatu. Partija je tako, u odnosu na ostale faktore obrazovanja i vaspitanja, mogla vršiti relativno najveći idejni uticaj, ne samo na sopstveno članstvo već i na ostale građane.

Razvojem samoupravljanja objektivno se povećava samostalnost ostalih faktora, usled čega se neizbežno smanjuje *direktni* uticaj Partije. Rezultati empirijskih istraživanja pokazuju da je taj uticaj na pojedine socijalne grupacije utoliko manji ukoliko su one manje zastupljene u Partiji i ukoliko su više izložene uticajima ostalih faktora. Da je Savez komunista najviše uticao na njihovo shvatanje samoupravljanja — u anketi iz 1972. godine odgovorilo je 44% administrativnih službenika s nižim obrazovanjem, 27% intelektualaca, 19% radnika i 18% seljaka.

Zbog toga, uporedo s razvojem samoupravljanja avangarda mora da pojačava idejni uticaj na sve faktore obrazovanja. Na osnovi empirijskih istraživanja može se zaključiti da najveći uticaj na formiranje socijalističkih pogleda imaju faktori kao što su: društvena sredina, obrazovno-vaspitne institucije, porodica i literatura.

Prema anketnom ispitivanju iz 1972. godine, društvena sredina relativno najviše utiče na formiranje shvatanja o samoupravljanju. Od anketiranih građana, oko 14% članova Saveza komunista i 18% nečlanova izjavilo je da je društvena sredina najviše uticala na njihovo shvatanje samoupravljanja i uloge avangarde u njemu. Taj uticaj je, u stvari, još i veći s obzirom na to da je 15% članova i 28% nečlanova odgovorilo da niko nije uticao na njihova shvatanja, što upućuje na zaključak da su ona prevashodno spontano nastala.

Uticaj društvene sredine vrši se pre svega kroz društvenu praksu, ali se ne sme zapostaviti ni spontani vaspitno-obrazovni uticaj u svakodnevnom društvenom komuniciranju. Prema napred pomenutoj anketi, kod 8% članova Saveza komunista i 6% ostalih građana na formiranje shvatanja o samoupravljanju i ulozi avangarde najviše su uticali drugovi i prijatelji. Udeo avangarde u određivanju karaktera uticaja koje vrši društvena sredina zavisi od njene uloge u idejno-političkom usmeravanju društvene prakse i doslednosti ponašanja njenih članova u svakodnevnom životu. S obzirom na to da se prvenstveno u društvenoj praksi i svakodnevnom društvenom komuniciranju ukrštaju različiti idejni uticaji, avangarda mora, pre svega putem društveno-političke akcije, da se bori za dominaciju socijalističkih ideja.

Obrazovno-vaspitne institucije, prema rezultatima empirijskih istraživanja, vrše najširi *organizovani* uticaj na formiranje socijalističkih pogleda. Kod 11% anketiranih članova Saveza komunista i 14% ostalih građana, škola je imala relativno najviše uticaja na formiranje shvatanja o samoupravljanju i ulozi avangarde. Uticaj obrazovno-vaspitnih institucija je, međutim, veoma neravnomeran u odnosu na različite socijalne grupacije, zavisno od stepena njihove uključenosti u sistem organizovanog obrazovanja, ali i od sadržine obrazovnih programa. Po uticaju na shvatanje samoupravljanja i uloge avangarde, školu je na prvo mesto stavilo 18% anketiranih intelektualaca i samo 7% kvalifikovanih i visokokvalifikovanih radnika.

Zbog toga se avangarda mora boriti da se sistemom organizovanog obrazovanja obuhvati celokupno stanovništvo i da se društveno-političko obrazovanje uključi u programe svih obrazovnih institucija. Odlučujuću ulogu u organizovanom obrazovanju ima, međutim, vaspitno-obrazovni kadar, od čije stručnosti i idejne opredeljenosti zavisi karakter idejnog uticaja. Otuda je izgrađivanje ovog kadra od izuzetnog značaja za širenje socijalističkih ideja.

S obzirom na to da socijalistička ideologija ima u suštini naučni karakter, idejna opredeljenost kadra koji se bavi društveno-političkim obrazovanjem čini nerazdvojnu komponentu njegove stručnosti. Zbog toga je neosnovano svako podvajanje ili suprotstavljanje stručnosti i idejne opredeljenosti. Iza takvih nastojanja uvek su bili pokušaji da se pod plaštom tobože nepristrasne naučnosti šire u stvari nenaučni, to jest nesocijalistički pogledi.

Za razliku od spontanog i organizovanog obrazovanja, porodično vaspitanje čine i spontani i svesni uticaji. Prema rezultatima anketnog ispitavanja, ono takođe ima veliku ulogu u formiranju pogleda na svet. Da je porodica najviše uticala na formiranje njihovog shvatanja o samoupravljanju i ulozi avangarde — odgovorilo je 11% članova Saveza komunista i 9% ostalih građana.

Mogućnosti direktnog uticaja avangarde na porodični život su, međutim, vrlo ograničene. Ni u uslovima etatističkog centralizma uplitanje partije u privatni život nije davalo veliki efekat u obrazovno-vaspitnom pogledu. U uslovima samoupravljanja taj uticaj mora da se vrši prevashodno posrednim putem, pre svega samoupravnim rešavanjem problema porodice i domaćinstva.

Uloga literature u društveno-političkom obrazovanju dvostruko se ispoljava: kroz neposredni uticaj i kroz osposobljavanje vaspitno-obrazovnog kadra. Već i samim direktnim uticajem ona ima veliki udeo u formiranju pogleda na svet. Da je knjiga najviše uticala na njihovo shvatanje samoupravljanja i uloge avangarde — odgovorilo je 10% anketiranih članova Saveza komunista i 8% ostalih građana. Ako se ima u vidu i uticaj koji literatura vrši preko vaspitno-obrazovnog kadra, onda je očigledno da ona spada među faktore koji najviše doprinose formiranju socijalističkih pogleda.

Zbog toga avangarda mora biti najangažovanija i u borbi za socijalističku idejnost literature. Ta se angažovanost ne može svesti na spoljašnju kontrolu, već mora biti sadržana u samoj naučnoistraživačkoj, kulturno-umetničkoj i izdavačkoj delatnosti. S obzirom na naučni karakter socijalističke ideologije, borba za socijalističku idejnost može samo doprinositi razvoju naučne misli o društvu. Zahtevi za ideološkom neutralizacijom nauke naučno su opravdani samo u odnosu na nesocijalističke poglede. U socijalističkoj ideologiji prevazilazi se suprotnost između nauke kao objektivne i ideologije kao izokrenute svesti. Radničkoj klasi odgovara samo objektivna, to jest naučna svest, jer jedino ona osvetljava puteve njenog oslobođenja. Zbog toga glavno poprište ideološke borbe u socijalizmu čini borba između objektivne i izokrenute svesti.

Ova borba je nerazdvojni deo revolucionarne akcije na razvijanju samoupravnih odnosa i vodi se u svim sferama društvenog života. I to je jedan od razloga što avangarda mora biti svugde prisutna i delovati kao unutarnja snaga celokupne revolucionarne akcije samoupravnog pokreta. Takvo delovanje je moguće samo ako svaki član avangarde aktivno učestvuje u ideološkoj borbi i prednjači u širenju socijalističkih ideja. To je bitna pretpostavka da celokupno članstvo deluje kao subjekt vlastitog obrazovanja i da istovremeno utiče na formiranje socijalističkih pogleda ostalih samoupravljača.

VII

PROMENE U PRAKTIČNO-POLITIČKOM DELOVANJU AVANGARDE

Prednjačenje u naučnom shvatanju samoupravljanja je samo uslov revolucionarnog prednjačenja u njegovom razvijanju. Stvarnu potvrdu revolucionarnog prednjačenja predstavlja praktično-političko prednjačenje u ostvarivanju socijalističkih ideja. Praktično-političko prednjačenje ne proističe, međutim, automatski iz idejnog prednjačenja. Neizostavni uslov revolucionarnog delovanja je *organizovana društveno- -politička* akcija, dok se idejno delovanje može svesti i na individualno angažovanje. Zbog toga, idejnog prednjačenja može biti a da revolucionarnog prednjačenja nema. Ali drugog, u suštini, nema bez prvog.

Revolucionarnom prednjačenju je, u stvari, imanentno idejno prednjačenje. To čini da je revolucionarnom ulogom avangarde u osnovi određen način njenog idejnog delovanja, koje kao imanentni činilac revolucionarne akcije ima karakter kolektivnog delovanja. Zbog toga razvojem samoupravljanja nastaju bitne promene i u idejnom i u praktično-političkom delovanju avangarde.

U fazi uspostavljanja državne vlasti delovanje avangarde je u celini centralizovano. Odlučujuću ulogu i u idejnom i u praktično-političkom delovanju ima rukovodstvo partije. Funkcija člana svodi se, u osnovi, na sprovođenje stavova rukovodstva. Zbog toga on, u stvari, ne deluje kao politička individua već kao »automatizovani« delić partijskog mehanizma, participirajući samo u izvršnom delu njegove funkcije. Pošto ne učestvuje u izgrađivanju političkih stavova, oni se za njega pojavljuju kao spoljašnja i unapred zadata obaveza koju mora izvršavati bez obzira na lična ubeđenja. Stavovi rukovodstva dobijaju karakter direktiva kojima se spolja obezbeđuje jedinstveno ponašanje članstva.

Time se praktično-političko delovanje člana partije čini nezavisnim od njegovih ličnih ubeđenja. To omogućava da se uloga partije ostvaruje i pri relativno niskom idejnom nivou članstva, ali u tome se krije i opasnost od degeneracije avangarde. U svim vladajućim partijama javljale su se, manje ili više, tendencije stvaranja činovničkog mentaliteta i potiskivanja revolucionarnog entuzijazma oportunitetom vlasti.

Takve tendencije neizbežno dolaze u sukob s revolucionarnim pokretom za samoupravljanje, kroz čiju se borbu razvija i novi revolucionarni duh avangarde. U tom pokretu svaki član avangarde mora da deluje kao samostalni i samoinicijativno angažovani politički subjekt, koji neposredno učestvuje u svim fazama revolucionarne akcije. Direktivu rukovodstva zamenjuje demokratski dogovor članstva, kojim se utvrđuju smernice zajedničkog delovanja.

Najznačajniju promenu koja razvojem samoupravljanja nastaje u delovanju avangarde predstavlja proširivanje uloge članstva na stvaranje politike organizacije. Član postaje celovit politički subjekt koji aktivno učestvuje i u izgrađivanju i u ostvarivanju političkih stavova. Time se ukida podvojenost ličnih ubeđenja i javnog ponašanja i usposravlja politički integritet svakog člana avangarde. To što radi avangarda kao celina radi svaki njen član ponaosob, a integralno delovanje svakog pojedinog člana je uslov integralnog delovanja cele organizacije.

To podrazumeva da svaki član avangarde javno iznosi svoja ubeđenja, što postaje neizostavni uslov idejno-političkog delovanja i člana i organizacije u celini. Zbog toga se idejno-politička diferencijacija unutar cele organizacije vrši već u toku stvaranja politike. Već pri sučeljavanju različitih mišljenja ispoljavaju se opredeljenja koja odstupaju od klasnih pozicija organizacije i čijim se odstranjivanjem unapred obezbeđuje jedinstvo revolucionarne akcije.

Demokratsko konstituisanje politike podstiče i istovremeno primorava sve političke subjekte na javno istupanje, jer politički ciljevi ne mogu da se ostvaruju bez javne afirmacije. Otuda zakonita pojava da se u uslovima samoupravljanja obelodanjuju i tendencije koje su ranije prikrivane ili potiskivane nedemokratskim metodima. Tako se stvara privid da je demokratija uzročnik političkog nejedinstva, a ona ga, u stvari, samo razotkriva i prevazilazi.

Pošto samoupravljanje podrazumeva odumiranje države, prirodno je što njegovim razvojem u prvi plan izbija konfrontacija između samoupravnih i etatističkih snaga. Političkim odnosom ovih snaga određeno je političko ponašanje i delovanje pojedinih organizacija avangarde. Kad su dominantne samoupravne snage, organizacija je orijentisana na razvijanje samoupravnih odnosa; a kad je jači uticaj etatističkih snaga, ona je pasivna ili se suprotstavlja samoupravljanju.

Politička moć i uticaj progresivnih i konzervativnih snaga nisu određeni samo, ni prvenstveno, njihovom brojnošću. Odlučujuće su njihove pozicije u društvu i političkim organizacijama. Ako su još nerazvijeni demokratski odnosi u partijskoj organizaciji, njeno ponašanje i delovanje odlučujuće zavisi od rukovodećih organa, ali je i uticaj ostalih članova diferenciran prema pozicijama koje zauzimaju u društvu. I kad učestvuje u konstituisanju političkih stavova, jedan deo članstva rukovodi se opredeljenjima izvršnih organa ili najuticajnijih pojedinaca. Od članova Saveza komunista anketiranih 1972. godine, 32% je izjavilo da su glasali za pojedine predloge rukovodilaca i društveno-političkih funkcionera iako su, na osnovi činjenica, smatrali da dotično pitanje treba drugačije rešiti.

To pokazuje koliko je sadržina odluka zavisna od stvarnog rasporeda društvene moći bez obzira na formalnu ravnopravnost. Oko 42% anketiranih članova SK izjavilo je da su glasali za pojedine predloge koji su dobili demokratsku većinu i kad su, na osnovi činjenica, bili ubeđeni u potrebu drugačijih rešenja. U praksi je ova pojava još izrazitija, jer se jedan deo članstva, zbog niskog idejnog nivoa i nepoznavanja činjenica, a priori povodi za uticajnim ličnostima.

S obzirom na to, moguće je da se pojedine organizacije avangarde stavljaju u službu različitih interesa, pa i onih koji su divergentni interesima radničke klase. Prema proceni anketiranih članova SK, organizacije Saveza komunista su u svakodnevnoj praksi dosta odstupale od klasnih pozicija s kojih bi trebalo da deluju. Oko 45% članova je izjavilo da se njihove organizacije mnogo ili vrlo mnogo bore za interese rukovodilaca radne organizacije, a 12% da se bore za interese određenih neformalnih grupa i klika. U isto vreme, samo je 18% članova izjavilo da se njihove organizacije mnogo ili vrlo mnogo bore za interese nekvalifikovanih, a 26% za interese visokokvalifikovanih radnika, dok je 45% izrazilo mišljenje da se malo ili nimalo bore za interese prve, a 28% za interese druge grupacije.

Zavisno od objektivnih okolnosti i odnosa snaga, borba za interese koji su nespojivi s interesima radničke klase dobija različite oblike. Oni se mogu razvrstati u četiri karakteristične grupe, od kojih jedna znači potpuno stavljanje organizacija avangarde u službu interesa divergentnih njihovim klasnim pozicijama, druga — traženje kompromisnih rešenja, treća — izopačavanje klasne suštine već usvojenih stavova organizacije i suprotstavljanje tim stavovima u fazi njihovog ostvarivanja, i četvrta — potiskivanje aktivnosti avangarde s područja vlastitih interesa.

Zapostavljanje klasnih pozicija avangarde najčešće se prikriva licemernim i demagoškim ophođenjem prema radničkoj klasi. Za in-

68

teres klase proglašava se sve što je u vlastitom interesu, pa se, na toj osnovi, i svaki vlastiti stav prikazuje kao izraz klasne doslednosti. Pri tom se izvesna podudarnost vlastitog interesa s trenutnim interesima pojedinih delova radničke klase tendenciozno koristi za dobijanje političke podrške i pridobijanje većine u organizaciji. Empirijskim ispitivanjem je utvrđeno da je kratkoročnim i jednostranim kalkulacijama uprava preduzeća često uspevala da dobije podršku partijske organizacije i za takve poduhvate kao što su suprotstavljanje integraciji, raspodeli prema rezultatima rada, neposrednom odlučivanju u radnim jedinicama, socijalnoj sigurnosti radnika, i slično.

Ako, međutim, konzervativne snage nisu dovoljno snažne da obezbede podršku partijske organizacije, one nastoje da iznude određene kompromise u njenim stavovima. Stvara se svojevrsna oportunistička atmosfera u kojoj se uvažavaju svi interesi i kompromisnim nagodbama praktično potiskuje interes radničke klase. Parolama o neminovnosti kompromisa podstiče se apriorističko mirenje s ustupcima, a kompromisni stavovi koji tako nastaju dobijaju višesmisleno značenje, čime se stvara podloga za različita, pa i sasvim kontradiktorna tumačenja u njihovoj praktičnoj primeni. Konzervativne snage često uspevaju da u primeni kompromisnih stavova nametnu svoje tumačenje i na taj način praktično ostvare vlastite ciljeve.

Kad konzervativne snage nemaju ni toliko moći da iznuđuju kompromise, one se stavovima partijske organizacije suprotstavljaju u toku njihovog ostvarivanja. Da bi se prikrile stvarne namere, zauzetim stavovima se pruža deklarativna podrška, a u praksi se deluje prema vlastitom nahođenju. Dvoličnjaštvo se ovde pojavljuje kao jedan od oblika zaštite interesa koji nisu mogli da se izraze kroz demokratski konstituisane stavove organizacije. Zavisno od načina ostvarivanja tih interesa, stavovi organizacije se ili jednostavno ignorišu, ili im se u praktičnoj primeni direktno suprotstavlja. Kad određeni interes može da se ostvari samo individualnim angažovanjem, stav organizacije se prosto zanemaruje, a kad je neophodna zajednička akcija nastoji se stvoriti nepoverenje i izazvati sumnja u ispravnost stava organizacije, da bi se obezbedila podrška za drugačije rešenje.

Poseban vid taktike konzervativnih snaga predstavlja izbegavanje političkih rasprava i zauzimanja bilo kakvih stavova partijske organizacije o pitanjima koja zadiru u njihove interese. Ako imaju odlučujući uticaj na organizaciju, one na taj način uspevaju da je drže po strani svih značajnijih zbivanja u svojoj sredini. Izostajanje masovnih i organizovanih akcija SK u pojedinim momentima razvoja samoupravljanja znatno je doprinosilo da takva taktika postiže demobilizatorski efekat. U toku primene Ustavnog amandmana XV, na primer, mnoge organizacije Saveza komunista stajale su po strani, što je antisamoupravnim snagama omogućilo da revidiraju i neke već izvojevane tekovine samoupravljanja.

Kad odlučujući uticaj konzervativnih snaga na ponašanje partijskih organizacija duže traje, on neminovno vodi njihovoj degeneraciji. Sastav takvih organizacija pogoršava se i u socijalnom i u idejno-političkom pogledu. Kriterijumi prijema novih članova i opstanka u organizaciji ili počinju da se gube ili postaju stroži prema socijalnim grupacijama koje su više naklonjene revolucionarnim promenama. U anketi iz 1972. godine 10% članova SK je izjavilo da su kriterijumi prijema u Savez komunista stroži za radnike nego za ostale socijalne kategorije, a 19% da postoji otpor prijemu mladih ljudi i onda kad oni po svojim vrednostima zaslužuju da budu primljeni. U isto vreme, 18% anketiranih je izrazilo mišljenje da su kazne koje izriču organizacije oštrije za radnike nego za pripadnike ostalih socijalnih grupacija. To potvrđuje i analiza pojedinih slučajeva koji pokazuju da su za iste greške zbog kojih su radnici isključivani ili skidani s evidencije, službenici kažnjavani opomenom ili samo kritikovani.

Polaznu pretpostavku diskreditovanja nesamoupravnih tendencija predstavlja jasna idejna orijentacija i na njoj zasnovan program samoupravnog razvoja društva. Bitan uslov za to je naučna spoznaja objektivnih zakona društvenog razvoja, na kojoj se jedino i može zasnivati revolucionarni program samoupravne akcije. Zbog toga razvoj naučne misli mora činiti sastavni deo ovog programa. Jačanje etatizma u socijalističkim zemljama svugde je praćeno dekadencijom društvenih nauka, upravo zbog toga što naučna misao već i sama po sebi potkopava njegove pozicije. Nauka je, zbog toga, pretvarana u apologetiku i stavljana u službu etatističke agit-propagande. Nasuprot tome, nastanak samoupravljanja je najneposrednije povezan s rehabilitacijom autentičnog marksizma, a njegov razvoj ne bi bio moguć bez stalnog oslanjanja na tekovine naučne misli. Improvizacije u programima samoupravne akcije neizbežno vode neuspesima koji samo olakšavaju ispoljavanje nesamoupravnih tendencija.

Naučno zasnovani programi samoupravne akcije su uslov okupljanja i organizovanog delovanja svih socijalističkih snaga, čijom se frontalnom borbom može savladati svaki otpor samoupravnom kursu. Ostvarivanjem tih programa objektivno se ukidaju društveni koreni nesamoupravnih tendencija, koje se samo na taj način i mogu trajno prevladati. Ali program samoupravnog razvoja društva neće moći da se ostvari bez direktne konfrontacije sa konzervativnim snagama. Povlašćene pozicije u društvu praktično je nemoguće ukinuti bez određenog sukoba s onima koji te pozicije zauzimaju. Zbog toga borba za samoupravljanje po svojoj prirodi ima revolucionarno-ofanzivni karakter, što znači da socijalističke snage moraju stalno biti u ofanzivi. I već izvojevane tekovine socijalizma mogu se odbraniti samo revolucionarnom ofanzivom. Radničkoj klasi uopšte ne odgovara defanzivna taktika, jer ona ni u jednom trenutku svog postojanja nije zainteresovana za očuvanje postojećeg stanja.

U stalnoj revolucionarnoj ofanzivi i leži pravi smisao delovanja avangarde. I u borbi za samoupravljanje ona mora predstavljati »onaj deo« radničkog pokreta »koji je najodlučniji, koji stalno gura dalje«[11]. Rezultati empirijskih ispitivanja pokazuju da komunisti u toj borbi zaista prednjače. Na pitanje da li su dva čoveka iz njihove opštine koji se najviše bore za samoupravljanje članovi Saveza komunista, za jednog je 72% i za drugog 71% anketiranih građana izjavilo da jeste, a samo 14% za prvog i 15% za drugog da nije.

Polaznu pretpostavku svakog revolucionarnog delovanja čini kritički odnos prema društvenoj stvarnosti. Pošto je komunistička avangarda u suštini revolucionarna organizacija radničke klase, takav odnos predstavlja njeno suštinsko obeležje. Ono proističe iz same prirode interesa radničke klase, čije ostvarivanje podrazumeva stalno prevazilaženje postojećeg društvenog stanja.

Prirodom interesa radničke klase određen je i karakter socijalističke kritike. Jedino kritika koja izražava taj interes može činiti polaznu osnovu revolucionarnog delovanja avangarde. A pošto se interesi radničke klase podudaraju s objektivnim zakonima društvenog razvoja, takva kritika ima osnovna obeležja naučne kritike. U njenoj osnovi leži istinita spoznaja društvene stvarnosti, naučna misao je njen glavni oslonac.

Apstraktnim postavljanjem dileme: za ili protiv »kritike svega postojećeg« apstrahuje se, u stvari, suština kritike, čime se zaobilazi pitanje njenog klasnog karaktera. Sve što postoji prolazno je, pa, samim tim, i podložno kritici, ali sama kritika može polaziti sa različitih klasnih pozicija i izražavati različite tendencije. Zbog toga se iza apstraktnog zahteva za kritikom svega postojećeg mogu skrivati najrazličitije klasne aspiracije.

Apstraktno odbacivanje »kritike svega postojećeg« izvodi se iz metafizičkog svođenja kritike na puko negatorstvo. Kritika se shvata kao prosto negiranje, pa se sve postojeće deli na »dobro« i »loše«, na ono što nije i ono što jeste za kritiku. Ali, pošto je u stvarnosti sve protivrečno i promenljivo, ne samo što dobro postaje loše a loše dobro,

---

[11] »Komunistički manifest«, K. Marks, F. Engels: *Izabrana dela*, »Kultura«, 1949, tom I, strana 26.

nego se jedna ista stvar istovremeno pokazuje i kao dobra i kao loša zavisno iz kojeg se ugla posmatra. Kategorije »dobro« i »loše« izražavaju, u stvari, subjektivni stav prema određenoj strani stvari u određenom trenutku njenog postojanja. Zbog toga je kritika koja se zasniva na takvim kategorizacijama jednostrana i preuska za polaznu osnovu revolucionarne akcije.

Takvu osnovu može činiti samo kritika koja do kraja uvažava dijalektiku postojećeg i u njemu samom traži klice novog. Radničkoj klasi odgovara jedino kritika koja u svemu postojećem afirmiše sve što je progresivno i negira sve što je regresivno, koja, u tom smislu, istovremeno i »stvara« i »razara«. Takva kritika pruža progresivna rešenja za razrešavanje društvenih protivrečnosti, koja upravo zbog svoje progresivnosti izražavaju autentični interes radničke klase.

Kritika s pozicija radničke klase je, zbog toga, po svojoj prirodi »konstruktivna«, ali svaka »konstruktivna« kritika ne polazi s pozicija radničke klase. Rešenja koja se nude u zamenu za postojeće ne izražavaju uvek interes radničke klase. Zbog toga je apstraktni zahtev za »konstruktivnom« kritikom nedovoljno određen i sam po sebi ne izražava klasnu suštinu socijalističke kritike.

Funkcija političke kritike organski je povezana s funkcijom stvaranja politike. U etatizmu ona, u suštini, predstavlja monopol rukovodstva političke organizacije. Rukovodstvo partije određuje i predmet i sadržinu partijske kritike, dok se uloga članstva svodi na reprodukovanje njegovih stavova. Iz toga proističe i jednostrana hijerarhijska usmerenost kritike od vrha organizacije prema bazi. Bez obzira na formalno demokratska prava, u praksi se, po pravilu, kritika upućuje od rukovodstva članstvu i od višeg rukovodstva nižem, a ne i obratno. Zbog toga je funkcija članstva u kritici vezana uglavnom za sprovođenje i ostvarivanje, a ne i za stvaranje politike.

Ukoliko se razvojem samoupravljanja demokratizuju odnosi u organizaciji avangarde, svaki član organizacije postaje samostalni subjekt političke kritike. Nestaje monopol partijskog rukovodstva i sve više se izjednačavaju uslovi stvaralačke kritike za sve članove organizacije. Time se istovremeno prevazilazi i jednostrana hijerarhijska usmerenost kritike. Pošto preuzima odlučujuću ulogu u stvaranju i ostvarivanju politike, svaki član postaje nosilac integralne funkcije organizacije i u sferi kritike.

Rezultati empirijskih ispitivanja pokazuju da razvojem samoupravljanja nastaju krupne promene u kritičkoj aktivnosti članstva avangarde. Prema anketi iz 1972. godine, za tri godine (1969—1971) 53% članova SK je kritički istupalo (kritikovalo neku pojavu ili ličnost) na sastancima organizacija Saveza komunista, 55% na zborovima radnih jedinica, 48% na sednicama organa samoupravljanja, 31% na sastancima rukovodilaca radne organizacije, i 29% na sastancima sindikalnih organizacija.

Kritička aktivnost članstva raste srazmerno razvoju socijalističke svesti i ukupne angažovanosti avangarde u ostvarivanju samoupravnog kursa. Na to, pored ostalog, ukazuju i odgovarajuće generacijske razlike. U vreme sprovođenja napred pomenute ankete, mlađe generacije su bile mobilnije u kritici iako su manji period svoje političke aktivnosti provele u uslovima samoupravnog razvoja društva. Na sastancima organizacija Saveza komunista kritički je istupalo 57% članova između 28 i 38 godina starosti, 58% između 39 i 49, i 51% onih iznad 49 godina. Istovremeno je na zborovima radnih jedinica kritički istupalo 59% prve, 57% druge i 50% treće skupine, na sednicama organa samoupravljanja 51% prve, 55% druge i 48% treće skupine, na sastancima rukovodilaca radne organizacije 35% prve, 38% druge i 30% treće skupine, i na sindikalnim sastancima 33% prve, 36% druge i 33% treće skupine.

Napred pomenutu korelaciju potvrđuju i razlike u kritičkoj aktivnosti članova i građana koji su bili a više nisu članovi Saveza komunista. Od anketiranih građana, kritički je istupalo: na zborovima radnih jedinica 55% tadašnjih i 43% bivših članova Saveza komunista, na sindikalnim skupovima 29% tadašnjih i 20% bivših, i na skupovima Socijalističkog saveza 12% tadašnjih i 6% bivših članova. Razlike između članova i građana koji nikad nisu bili članovi partije još su upadljivije. Na zborovima radnih jedinica kritički je istupalo 29%, na sindikalnim sastancima 10% i na skupovima Socijalističkog saveza 4% građana koji nikad nisu bili članovi partije.

Povećavanjem kritičke aktivnosti članstva istovremeno nastaju i kvalitativne promene u karakteru partijske kritike, koja sve više dobija dimenzije karakteristične za uslove samoupravljanja. Pre svega, kritička funkcija članstva dolazi do izražaja i u stvaranju a ne samo u ostvarivanju politike. Razvija se kritički odnos člana i prema samoj partijskoj organizaciji, što je u uslovima etatizma predstavljalo retku pojavu. Analiza pojedinih uzoraka pokazala je da je stvaralačka kritika članstva razvijenija u organizacijama koje su aktivnije u borbi za samoupravljanje i koje su istovremeno i svoje unutrašnje odnose više demokratizovale.

Jačar je stvaralačke uloge članstva ima za posledicu da se partijska kritika višesmerno razvija. Sve je češća pojava da članstvo javno kritikuje rukovodstvo, a organi užih organe širih organizacija. Razvija se i kritika između organizacija istog nivoa, kao i između različitih nivoa na različitim vertikalnim ravnima.

Razvojem samoupravljanja i demokratizacijom same avangarde kritička aktivnost članstva postaje sve kompleksnija i u stvaralačkom pogledu. Kritiku kojom se izražava samo ono što se neće sve više zamenjuje kritika kojim se istovremeno ističe i ono što se hoće. Umesto postavljanja zahteva i iščekivanja inicijativa od rukovodstva, ulažu se vlastiti napori u pronalaženje odgovarajućih rešenja. Karakteristično je da je ovakva kritička aktivnost intenzivnija u sredinama s razvijenijim samoupravnim odnosima.

Kritička aktivnost je najneposrednije uslovljena slobodom izjašnjavanja, o čemu, pored ostalog, svedoči i pojava da se one razvijaju približno istim tempom. Oko 56% anketiranih članova Saveza komunista izjavilo je da ima potpunu slobodu u odgovornom iznošenju vlastitih ubeđenja, što je približno aktivnom učešću u kritici na sastancima organizacija SK i zborovima radnih jedinica, kojima komunisti masovno prisustvuju. U jednoj anketi sprovedenoj 1970. godine na području Beograda, 47% članova Saveza komunista odgovorilo je da o pitanjima koja rešava Savez komunista slobodnije izražava svoje mišljenje nego pre deset godina, 25% da u tom pogledu nema promene, a samo 12% da je ranije bilo više slobode.[12]

Stepen slobode određen je, u suštini, stvarnim odnosom političkih snaga. Gde je jači uticaj progresivnih snaga veća je i sloboda izjašnjavanja, dok konzervativne snage nastoje da je što više ograniče. Najsnažniji otpor konzervativne snage pružaju upravo ispoljavanju kritičkog mišljenja.

Oblici takvog otpora mogu se svrstati u dve karakteristične grupe. U jednu spadaju svi oblici direktnog otpora, koji se izražavaju kroz pokušaje moralno-političkog diskreditovanja kritičara. Nastoji se da se kritičari po svaku cenu okvalifikuju kao kritizeri, razbijači jedinstva, podrivači autoriteta, ili intriganti, da bi se izdejstvovalo pozivanje na partijsku odgovornost i odstranjivanje iz organizacije.

Direktan otpor kritici konzervativne snage pružaju, po pravilu, kad imaju dominantan uticaj u organizaciji. Kad su u podređenom položaju, onda obično pribegavaju posrednom otporu, služeći se raznim zakulisnim metodama. Najčešće se traže, pa i konstruišu, bilo kakvi razlozi za pokretanje postupka po osnovi povrede radnog odnosa, da bi se umanjio lični dohodak, izvršilo pomeranje na slabije plaćeno radno mesto, ili raskinuo radni odnos. Poznat je postupak kojim se proizvoljnom izmenom sistematizacije radnih mesta nepoželjnim radnicima postavljaju uslovi koje ne mogu da ispune. Izigravanjem demokratske procedure, principijelnim i odlučnim borcima za samouprav-

---

12) Dokumentacija Gradskog komiteta SK Beograda

ljanje otežava se izbor u organe samoupravljanja i društveno-političkih organizacija.

Otpori konzervativnih snaga usmereni su naročito protiv kritike koja direktno pogađa njihove interese, a to je u prvom redu kritika koja dosledno izražava interes radničke klase. Otuda je razumljivo što taj otpor najviše osećaju radnici, prema kojima se najčešće i primenjuju razne represivne mere. Rezultati ankete iz 1972. godine pokazuju da se od svih zaposlenih u društvenom sektoru radnici u proseku najmanje osećaju slobodnim. Među anketiranim članovima Saveza komunista, izjavilo je da ima potpunu slobodu u iznošenju vlastitih ubeđenja: 47% nekvalifikovanih i polukvalifikovanih, odnosno 64% kvalifikovanih i visokokvalifikovanih radnika, 61% administrativnih službenika s nižom školskom spremom, 65% intelektualaca sa srednjim i 72% sa visokim obrazovanjem. Najviše slobode imalo je rukovodeće osoblje, što je i razumljivo s obzirom na njegov objektivni položaj u društvu i Savezu komunista.

Stepen slobode izjašnjavanja postavlja određene granice kritičkoj aktivnosti, koja, međutim, zavisi i od drugih činilaca, pre svega od mogućnosti društvenog i političkog uticaja, interesa i osećanja potrebe za kritikom. Zavisno od toga, pojavljuju se upadljive razlike između pojedinih socijalnih grupacija. Od anketiranih članova Saveza komunista, za tri godine na sastancima organizacija SK kritički je istupalo: 40% nekvalifikovanih i polukvalifikovanih radnika, 62% kvalifikovanih i visokokvalifikovanih radnika, 42% administrativnih službenika s nižom školskom spremom, 56% intelektualaca sa srednjim obrazovanjem 65% s visokim obrazovanjem i 66% rukovodećeg osoblja. Na zborovima radnih jedinica istupalo je kritički 44% pripadnika prve, 63% druge, 45% treće, 63% četvrte, 62% pete i 63% šeste grupacije.

Karakterističan je raskorak između slobode izjašnjavanja i kritičke aktivnosti administrativnog i rukovodećeg osoblja, što se može objasniti pre svega slabijim interesom za kritiku, odnosno većim mogućnostima ovih grupacija da i bez kritike ostvaruju svoj uticaj. Nasuprot tome, kritička aktivnost kvalifikovanih i visokokvalifikovanih radnika je sasvim približna granici slobodnog izjašnjavanja, dok se određen raskorak kod nekvalifikovanih i polukvalifikovanih radnika može objasniti većim uzdržavanjem zbog toga što se njihovoj kritici pridaje manji značaj.

Izrazite su razlike i u sadržini kritičkih istupanja pojedinih socijalnih grupacija. Naročito su upadljive razlike između radnika i rukovodećeg osoblja. Dok radnici najčešće kritikuju pojave birokratske samovolje, rukovodeće osoblje stavlja težište na disciplinovano izvršavanje radnih i društvenih obaveza. Kritika prvih usmerena je

75

pretežno prema višim, a drugih prema nižim nivoima društvenog i političkog organizovanja. Kritičku aktivnost inteligencije, zavisno od mesta u društvenoj podeli rada, manje ili više ravnomerno karakterišu i jedna i druga obeležja. To ukazuje na relativno najveću revolucionarnu usmerenost kritičke aktivnosti radnika, koja u najvećoj meri izražava težnje za menjanjem postojećeg društvenog stanja.

Kritika je, međutim, samo početni akt revolucionarne akcije. To je, istovremeno, krajnji domet koji se pojedinačnom aktivnošću može dostići u nemirenju s postojećim društvenim stanjem. Zbog toga prvi naredni korak mora biti povezivanje individualnih napora u zajedničke akcije. Bez organizovanog revolucionarnog delovanja interesi radničke klase se ne mogu ostvarivati ni pod kojim društvenim uslovima.

U uslovima centralizovane državne vlasti, kad je partija i sama organizovana centralistički, povezivanje celokupne aktivnosti članstva vrši se iz rukovodećih centara. Član ne mora da brine o akcionom povezivanju s ostalim pripadnicima organizacije, pošto partijski aparat to čini i nezavisno od njegove inicijative. On objektivno nije u poziciji da aktivno utiče ni na idejnu sadržinu, ni na organizovanje političke akcije. Stoga, od klasne doslednosti rukovodstva odlučujuće zavisi ponašanje i delovanje cele organizacije.

Ukoliko se demokratizuju odnosi u društvu i organizaciji avangarde član postaje odgovoran i za idejnu i za organizacionu stranu političke akcije. On ima aktivnu ulogu u svim fazama kroz koje prolaze akcije organizacije, od pokretanja inicijative do konačnog ostvarenja postavljenog cilja. Prevazilazi se podela na jedne koji odlučuju i druge koji sprovode odluke, na organizatore i organizovane, rukovodioce i rukovođene. Član mora sâm da usmerava svoju individualnu aktivnost prema zajedničkim akcijama, da bi se ostvarivali klasni ciljevi za koje se organizacija bori.

Tendencije zapostavljanja organizatorsko-političke uloge SKJ vodile su međutim, napuštanjem centralističkog delovanja, svojevrsnoj atomizaciji organizacije. Prenaglašavanjem vaspitne funkcije akcenat je stavljan na individualnu aktivnost komunista, čime je organizovano kolektivno delovanje automatski potiskivano u drugi plan. Odsustvo čvršće akcione povezanosti pružalo je mogućnost za ukrštanje različitih interesa i uticaja, čime je narušavan politički integritet organizacije. Ponašanje pojedinih organizacija i organa SK zavisilo je više od odnosa snaga u njima samima, nego od idejno-političke orijentacije Saveza komunista kao celine. Bez jedinstvenih akcija nije se mogla vršiti globalna politička konfrontacija, ni povezivanje socijalističkih snaga u jedinstven front, što je objektivno olakšavalo ispoljavanje nesamoupravnih tendencija. Utoliko su nedostajale i bitne pretpostavke za odlučujući uticaj članstva na političko jedinstvo organizacije.

Funkcija avangarde u razvijanju samoupravljanja pretpostavlja demokratsko povezivanje celokupnog članstva u jedinstven pokret. Ako je većina članstva zainteresovana za samoupravljanje, demokratija obezbeđuje dominaciju socijalističkih snaga, a, samim tim, i odgovarajući politički odnosno revolucionarni integritet organizacije. Primeri iz prakse pokazuju da socijalističke snage relativno lako ostvaruju svoju dominaciju putem demokratske konfrontacije, nasuprot nesocijalističkim snagama kojima odgovaraju jedino nedemokratski metodi delovanja.

Demokratsko povezivanje predstavlja upravo autentični oblik organizovanja avangarde u borbi za samoupravljanje. Zbog toga nesocijalističke snage nastoje da onemoguće takvo povezivanje zamenjujući demokratiju birokratskim centralizmom, policentrizmom ili autarhijom. Demokratski odnosi u avangardi obezbeđuju dominaciju interesa radničke klase ako se on podudara s individualnim interesima većine članstva i pod uslovom da, pored svesti o toj podudarnosti, postoji odgovarajuća sloboda izjašnjavanja. Čak i dok nisu razvijeni samoupravni odnosi u društvu, visok stepen takve slobode postiže se jedinstvenim revolucionarnim delovanjem cele organizacije. Ako pak, nasuprot tome, u organizaciji vlada autarhija pojedinih delova, moguće je da interesi radničke klase budu potisnuti bez obzira na to što njihovi nosioci brojčano preovlađuju.

Čvrsto akciono povezivanje članstva na principu demokratskog centralizma deluje kao snažan moralno-politički faktor, i to u dvostrukom smeru: kao podsticaj revolucionarne mobilnosti, i kao obezbeđenje klasne doslednosti. Zbijanje socijalističkih snaga u jedinstven front multiplicira i revolucionarni polet i stvarnu moć pokreta. Demokratsko povezivanje, koje svakog člana organizacije stavlja u poziciju totalitarnog subjekta politike, daje revolucionarnom pokretu mnogo veću snagu nego što je uopšte može dati centralističko organizovanje.

Od posebnog je značaja uloga moralno-političkog faktora u obezbeđenju klasne doslednosti. Objektivna podudarnost ličnog i klasnog interesa i subjektivna svest o toj podudarnosti ne obezbeđuju uvek sami po sebi klasnu doslednost. Protivrečnosti između ličnog i klasnog interesa, koje se u svesti pojedinca prelamaju i kao protivrečenosti između njegovih trenutnih i dugoročnih interesa, dovode člana pred iskušenja koja on često ne može da prevlada ukoliko se u organizaciji ne održava atmosfera revolucionarne budnosti koja u prvi plan ističe klasni interes.

Pitanje moralno-političkog integriteta u uslovima etatizma različito se postavlja za članstvo i rukovodstvo organizacije, kao što je različita i njihova uloga u politici. Moralno-politička odgovornost člana vezuje se samo za ostvarivanje stavova organizacije, što je i prirodno ako on ne učestvuje u političkom odlučivanju. Idejno-politička orijentacija partije zavisi prvenstveno od rukovodstva i njegove klasne doslednosti, ali pošto u sferi stvaranja politike nije razvijena kritička aktivnost, veća je opasnost od iskušenja i skretanja sa klasnih pozicija nego u organizaciji koja demokratski deluje.

Ukoliko se razvijaju samoupravni odnosi u društvu a partija demokratizuje, moralno-politička odgovornost i za stvaranje i za ostvarivanje politike prelazi na celokupno članstvo. Od moralno-političkog integriteta člana sada zavisi ne samo kako će se sprovoditi i ostvarivati zauzeti stavovi, već i koliko će se izražavati interes klase. Zbog toga se pitanje moralno-političkog lika člana postavlja i šire i dublje nego u uslovima etatizma.

U vezi s tim, razvojem samoupravljanja nastaju kvalitativne promene u moralno-političkoj odgovornosti članstva avangarde. Komparativna analiza predmeta kontrolnih (statutarnih) komisija u SK pokazuje da su se pitanja moralno-političke odgovornosti koja su pokretana u uslovima etatizma odnosila pretežno na privatni život člana, a da se u uslovima samoupravljanja sve više tiču zaštite klasnih interesa. Moralno-politički zahtevi koji se sada postavljaju pred članstvo vezani su pre svega za dosledno ostvarivanje samoupravnog kursa. Takvim zahtevima ispunjavaju se i najopštije etičke kategorije, pa se svakodnevno ponašanje komunista kritički posmatra prvenstveno s aspekta društvenih ciljeva samoupravnog pokreta.

Rezultati ankete iz 1972. godine pokazuju da je moralno prednjačenje članova SK približno njihovom idejnom i političkom prednjačenju. Od tri osobe koje najviše cene u svojoj opštini, za jednu je 72%, za drugu 61% i za treću 58% anketiranih građana reklo da su članovi Saveza komunista. U pitanju su upravo socijalističke vrednosti, zbog kojih su komunisti relativno više cenjeni od ostalih građana.

Principijelnost, odnosno ponašanje prema vlastitim ubeđenjima, jedna je od vrlina koje se najviše cene kod komunista. Ako se uskraćivanje podrške predlogu rukovodioca ili političkog funkcionera, kada se taj predlog razilazi sa vlastitim ubeđenjem, uzme za indikator principijelnosti, onda komunisti u tom pogledu nesumnjivo prednjače. Od anketiranih građana, 58% članova Saveza komunista i 52% nečlanova nikada nije glasalo za takav predlog, a 52% pripadnika prve i 48% druge skupine nikada nisu glasali za predlog većine ako su, na osnovi činjenica, bili ubeđeni da stvar treba drugačije rešiti.

Rezultati ankete pokazuju da su kvalifikovani i viskokvalifikovani radnici znatno principijelniji od ostalih socijalnih grupacija u Savezu komunista. Da nikad nisu glasali za predloge rukovodilaca i društveno-političkih funkcionera kad su se razilazili s njihovim mišljenjima — — izjavilo je 71% kvalifikovanih i visokokvalifikovanih, odnosno 56% nekvalifikovanih i polukvalifikovanih radnika, 53% administrativnih službenika s nižom školskom spremom, 58% intelektualaca sa srednjim i 64% s visokim obrazovanjem. Karakteristične su razlike između tehničke i humanitarne inteligencije, jer je 66% intelektualaca sa srednjim i 68% s visokim obrazovanjem tehničkog smera, a 50% sa srednjim i 60% s visokim obrazovanjem humanitarnog smera — izjavilo da nikad nisu glasali za takve predloge.

Nešto drugačije razlike ispoljene su u odnosu na opredeljenje većine: 75% nekvalifikovanih i polukvalifikovanih odnosno 61% kvalifikovanih i visokokvalifikovanih radnika, 55% administrativnih službenika s nižom školskom spremom, 46% intelektualaca sa srednjim i 54% s visokim obrazovanjem izjavilo je da nikad nisu glasali za predloge koje je prihvatila većina ako su imali drugačije mišljenje. Razlike između tehničke i humanitarne inteligencije ovde su još upadljivije: 62% intelektualaca sa srednjim i visokim obrazovanjem tehničkog smera, a 31% sa srednjim odnosno 42% s visokim obrazovanjem humanističkog smera izjavilo je da nikad nisu glasali za napred pomenute predloge.

Ovakve razlike mogu se objasniti različitim dejstvom pojedinih faktora, od kojih posebni interesi, stepen društvene slobode i moralno-politički kvaliteti imaju izuzetno veliku ulogu. U odnosu na tehničku inteligenciju humanitarna je profesionalno više vezana za politiku, usled čega se i s više oportunizma odnosi prema njenim subjektima. Razumljivo je i što se nekvalifikovani i polukvalifikovani radnici, pre svega zbog manje socijalne sigurnosti, ređe direktno suprotstavljaju rukovodiocima, a češće posredno izražavaju neslaganje.

Društvenim položajem člana avangarde je, uostalom, bitno određen i njegov moralni lik. Zbog toga se razvojem samoupravljanja zakonito menja moralno-političko stanje u avangardi, tako što razvijenijim samoupravnim odnosima odgovara viši stepen moralno-političkog integriteta organizacije. To, u suštini, vodi sve većoj principijelnosti članstva i sve doslednijoj klasnoj poziciji organizacije. Rezultati ankete pokazuju da su generacije koje su formirane u uslovima samoupravnog razvoja društva principijelnije od starijih generacija, jer je 59% anketiranih članova Saveza komunista do 38 godina i 51% iznad 38 godina izjavilo da nikada nisu glasali za predloge rukovodilaca i političkih

79

funkcionera kad su imali drugačije mišljenje. Slično je i u odnosu na opredeljenje većine: 54% pripadnika mlađih i 48% starijih generacija nikada nije glasalo za predlog koji je usvojila većina ako su, na osnovi činjenica, bili ubeđeni u ispravnost drugačijih rešenja.

O moralno-političkoj homogenizaciji avangarde svedoče i razlike između članova Saveza komunista i građana koji su bili a više nisu članovi. Od anketiranih građana, 58% tadašnjih i 45% bivših članova SK odgovorilo je da nikad nisu glasali za predloge rukovodilaca ili političkih funkcionera kad su imali drugačije mišljenje. Izrazita je i razlika u odnosu na opredeljenja većine, jer je 52% tadašnjih i 46% bivših članova SK izjavilo da nikad nisu glasali za predlog koji je usvojila većina ako su imali drugačije mišljenje.

Moralno-politička homogenizacija avangarde bitno je uslovljena promenama u samom karakteru morala. Razvojem samoupravljanja prevazilazi se klasna protivrečnost između moralnih normi kao oblika otuđene svesti i stvarnih interesa pojedinaca i društvenih grupa, pa, samim tim, i vekovni raskorak između apstraktnog moraliteta koji propagiraju vladajuće klase i uistinu nemoralnog načina njihovog življenja. Radnička klasa je glavni i jedino mogući nosilac tog istorijskog procesa, koji se kroz moralno-političku homogenizaciju avangarde neposredno izražava, ali se njome istovremeno i ubrzava.

Putem samoupravljanja radnička klasa razvija ljudske vrline koje je klasno društvo potiskivalo, i istovremeno iskorenjuje osobine koje je ono pothranjivalo. Da razvoj samoupravljanja u Jugoslaviji već daje određene rezultate te vrste pokazuju i direktno izražena saznanja anketiranih građana. Oko 50% građana anketiranih 1972. godine izjavilo je da je samoupravljanje u tadašnjim jugoslovenskim uslovima razvijalo kod ljudi mnogo ili vrlo mnogo *bratstvo i jedinstvo*, 40% je to isto reklo za *kritičnost*, 38% za *savest*, *inicijativnost* i *ličnu odgovornost*, 37% za *poverenje između ljudi*, 36% za *iskrenost*, 35% za *poštenje*, 31% za *skromnost*. Istovremeno, 47% anketiranih građana reklo je da samoupravljanje malo ili nimalo ne razvija *birokratizam*, 46% to isto misli za *nacionalizam*, 44% za *egoizam*, 40% za *lukavstvo*, 37% za *poltronstvo.*

Nesumnjivo je da osobine kao što su bratstvo i jedinstvo, kritičnost, inicijativnost ili lična odgovornost bitno doprinose ostvarivanju revolucionarne uloge avangarde, a da nacionalizam, birokratizam ili poltronstvo imaju suprotan efekat. Zbog toga je prirodno da avangarda u vlastitim redovima jedne osobine razvija a druge potiskuje, i da u tom pogledu ide ispred odgovarajućih promena u društvu.

Rezultati napred pomenute ankete to upravo i potvrđuju. Da je organizacija Saveza komunista u tadašnjim uslovima samoupravljanja

mnogo ili vrlo mnogo razvijala *bratstvo i jedinstvo* kod svojih članova
— izjavilo je 58% anketiranih građana; za *savest* je to isto reklo 46%,
za *iskrenost* 44%, za *poverenje među ljudima* 44%, za *ličnu odgovornost*
43%, za *kritičnost* i *poštenje* 42%, za *skromnost* 39%, za *inicijativnost*
38%. Istovremeno, da organizacija SK kod svojih članova malo ili
nimalo ne razvija sledeće osobine — reklo je: 54% anketiranih građana za *birokratizam*, 51% za *lukavstvo* i *egoizam*, 49% za *nacionalizam*, 44% za *poltronstvo*.

VIII

PROMENE U ODLUČIVANJU I SPROVOĐENJU ODLUKA AVANGARDE

Suštinu demokratskih odnosa u organizaciji avangarde čini neposredno i aktivno učešće članstva u donošenju i sprovođenju njenih odluka. Mogućnosti ostvarivanja takve uloge članstva objektivno su određene društvenom funkcijom avangarde i razvijenošću demokratskih odnosa u društvu. Razvoj socijalističkih odnosa i dosledno ostvarivanje vodeće uloge u borbi za taj razvoj predstavljaju odlučujući faktor demokratizacije avangarde. Zbog toga je prirodno da se uporedo s razvojem samoupravljanja stalno povećava i uloga članstva u donošenju i sprovođenju odluka avangarde.

U uslovima etatizma članstvo, zbog prirode etatističkih odnosa i odgovarajuće funkcije partije, objektivno ne može imati aktivnu ulogu u kreiranju partijske politike. Značajne političke odluke donosi samo rukovodstvo partije, koje praktično ima monopol na političko odlučivanje. Zahvaljujući tome rukovodstvo je u mogućnosti da odlučujuće utiče i na sprovođenje odluka. Cela organizacija je konstituisana tako da je u njenom celokupnom delovanju obezbeđena odlučujuća uloga rukovodstva.

Neophodnost jačanja aktivne uloge članstva SKJ u uslovima samoupravljanja shvaćena je već u vreme usvajanja samoupravnog kursa. Već je na VI kongresu u Statut SKJ unesena obaveza člana da »aktivno učestvuje u donošenju odluka Saveza i da ih dosledno i diciplinovano sprovodi u život«, kao i pravo da »na svim sastancima organizacija i u štampi Saveza učestvuje u raspravljanju svih pitanja politike Saveza i donošenju njegovih odluka«.[13] Zahtev za jačanjem aktivne uloge

---

[13] Član 2. i 3. Statuta SKJ usvojenog na VI kongresu 1952. godine

članstva odlučnije je, međutim, postavljen tek u vreme pretvaranja samoupravljanja u integralni društveni sistem. Statutom SKJ usvojenim na IX kongresu 1969. godine utvrđeno je da »demokratski centralizam izražava suštinu i sistem odnosa u Savezu komunista, koji se zasnivaju na takvom položaju člana SKJ koji mu omogućava neprekidno i aktivno učešće u pripremanju i donošenju odluka i stavova na svim stepenima i u svim oblastima delovanja Saveza; na demokratskom metodu u pripremanju i donošenju stavova, uvažavanju naučnih saznanja, slobodnom iznošenju, suočavanju i borbi mišljenja kroz ravnopravnu, demokratsku i principijelnu raspravu, što onemogućava nametanje volje od strane užih grupa i manjine«[14].

Jedan od najadekvatnijih indikatora aktivne uloge članstva u politici avangarde je aktivnost u pokretanju političkih akcija. U uslovima etatizma takva aktivnost nije činila bitno obeležje funkcije člana, a već i zbog prirode društvenih odnosa stvarnu mogućnost za političku inicijativu imalo je uglavnom rukovodstvo Partije. Nasuprot tome, razvojem samoupravljanja politička inicijativnost članstva ne samo što postaje moguća, nego se javlja kao neizostavna pretpostavka u ostvarivanju društvene uloge avangarde. U uslovima kad celo društvo raspolaže sredstvima proizvodnje i odlučuje o zajedničkim poslovima, nikakav rukovodeći organ ne može sâm da sagledava aktuelne probleme društvenog života i pokreće njihovo rešavanje. Takva funkcija postaje bitna komponenta društvene aktivnosti svakog samoupravljača, pa i svakog člana avangarde.

Empirijski podaci pokazuju da inicijativnost članstva avangarde raste uporedo s razvojem samoupravljanja. Dok su se do uvođenja samoupravljanja članovi SK retko pojavljivali sa vlastitim inicijativama, 1972. godine je, prema rezultatima anketnog ispitivanja, bilo 50% članova koji su (u toku tri godine) davali predloge organizaciji SK. O porastu inicijativnosti svedoče i generacijske razlike. Rezultati ankete pokazuju da se porast inicijativnosti u osnovi podudara s porastom socijalističke svesti. Sa vlastitim predlozima pred organizacijom Saveza komunista pojavljivalo se 38% članova do 27 godina starosti, 51% između 28 i 38, 60% između 39 i 49, i 50% onih iznad 49 godina.

Porastom individualne inicijativnosti članova avangarde raste i kolektivna inicijativnost organizacija. Uže organizacije se sa svojim inicijativama sve češće pojavljuju pred širim organizacijama. Empirijskim ispitivanjem je utvrđeno da se stalno povećava broj osnovnih organizacija koje se javljaju kao inicijatori akcija opštinskih organi-

---

14) Član 9. Statuta SKJ

zacija, a isto tako i broj predloga koje one samoinicijativno upućuju organima Saveza komunista.

Razvijenost inicijative članstva i organizacija je bitna pretpostavka za ostvarivanje vodeće uloge avangarde u uslovima samoupravljanja. Dosadašnje iskustvo pokazuje da, ukoliko takve inicijative nema, organizacije Saveza komunista obavezno kasne sa svojim akcijama. To je istovremeno jedan od razloga što one o pojedinim problemima raspravljaju tek nakon izbijanja konfliktnih situacija.

Problem je u tome što inicijativnost članstva avangarde ne raste automatski uporedo s razvojem samoupravljanja. Ona je, u osnovi, uslovljena istim faktorima kao i sloboda izjašnjavanja, odnosno kritička aktivnost članstva. Zbog toga različit položaj u društvu i organizaciji avangarde znatno utiče na razlike u inicijativnosti pojedinih socijalnih grupacija. Rezultati anketnih ispitivanja pokazuju da radnici spadaju među socijalne grupacije koje u organizaciji Saveza komunista reðe istupaju sa vlastitim predlozima. Od anketiranih članova SK, 71% rukovodećeg kadra, 55% intelektualaca s visokim i 53% sa srednjim obrazovanjem, 53% kvalifikovanih i visokokvalifikovanih radnika, 50% administrativnih službenika s nižom školskom spremom, 35% seljaka i samo 33% nekvalifikovanih i polukvalifikovanih radnika izjavilo je da su za tri godine istupali s nekim predlozima u organizaciji Saveza komunista. Istina, na te razlike utiču i razvijenost socijalističke svesti, stepen obrazovanja i informisanost, ali su ovi činioci i sami uslovljeni društvenim položajem pojedinih socijalnih grupacija.

Odnos organizacije prema ispoljenim inicijativama takoðe ima značajnu ulogu u razvijanju inicijativnosti članstva. Rezultati empirijiskih ispitivanja pokazuju da je ignorisanje inicijativa članstva i organizacija od strane organa Saveza komunista jedan od osnovnih uzroka relativno sporog razvoja masovne inicijative u SK. Primedbe i predlozi članova i organizacija prihvatani su uglavnom kad su značili poboljšanje ili manju korekciju osnovnog predloga, a samo su u izuzetnim situacijama prezentirani kao njegova alternativa. Čak je i u osnovnim organizacijama često zaobilaženo direktno sučeljavanje različitih inicijativa i davanje odgovora na pokrenuta pitanja. Tek je X kongres SKJ 1974. godine statutarno obavezao sve organizacije i organe da se demokratski izjašnjavaju o inicijativama koje se u njima pokreću.

Stvarni odnos prema inicijativama članstva zavisi, meðutim, od ukupne razvijenosti demokratskih odnosa u organizaciji. Ukoliko je veća uloga članstva u donošenju odluka organizacije, utoliko je demokratičniji i odnos prema njegovim inicijativama. U potpuno demokratizovanoj organizaciji odnos prema inicijativama predstavlja, u stvari, odnos samog članstva prema vlastitim inicijativama.

To podrazumeva da se o svim inicijativama koje se pokreću u organizaciji sâmo članstvo izjašnjava. A da bi se takvo izjašnjavanje zaista vršilo, neophodna je javna rasprava u kojoj svaki član može neposredno iznositi svoje mišljenje o svim pitanjima delovanja organizacije. Pitanje javne rasprave u SK posebno je potencirano u vreme pretvaranja samoupravljanja u integralni društveni sistem. Deveti kongres SKJ je 1969. godine statutarno obavezao organe SK da predloge dokumenata »koji imaju programski ili statutarni karakter ili one u kojima se predlažu bitne promene politike SK u određenim oblastima društvenog života, s potrebnom argumentacijom stave na diskusiju u SK i javnosti«[15].

Da bi mišljenja članstva zaista dolazila do izražaja u izgrađivanju političkih odluka, neophodno je da se demokratski konstituišu u stavove osnovnih organizacija, a da se stavovi širih organizacija konstituišu putem demokratskog sučeljavanja stavova užih organizacija. To je jedini put za potpuno prevazilaženje posredništva u političkom odlučivanju, koje je nespojivo s neposrednom demokratijom. Takav način odlučivanja omogućava da se na osnovi neposrednog izjašnjavanja članstva konstituišu političke odluke na svim nivoima organizovanja avangarde, u čemu se upravo i sastoji suština demokratizacije njenih unutarnjih odnosa.

Zbog toga je razumljivo što demokratizacija avangarde najsporije teče u sferi konstituisanja političkih odluka, gde nailazi i na najsnažnije otpore. Javna rasprava u organizacijama Saveza komunista često se svodi na individualno izjašnjavanje, bez utvrđivanja zajedničkih stavova članstva, dok se odlučivanje u organima zasniva na sučeljavanju ličnih mišljenja njihovih članova, umesto na sučeljavanju stavova organizacija koje su ih birale. U tom slučaju dobija se konglomerat različitih mišljenja iz kojeg se ne vidi opredeljenje članstva, tako da javna rasprava praktično ostaje bez stvarnog efekta. Ponekad se, međutim, ne stvaraju elementarni preduslovi ni za individualno izjašnjavanje članstva, jer se javna rasprava organizuje na brzinu, a predlozi dokumenata su, zbog preobimnosti, nedorečenosti ili nerazumljivosti, nepristupačni i bez potrebnih obrazloženja.

Ako je nerazvijeno demokratsko odlučivanje u organizaciji avangarde, njeni organi su, manje ili više, odvojeni od članstva, a slaba je i njihova međusobna povezanost, odakle proističe opšta dezintegrisanost organizacije. Svaki nivo organizovanja deluje za sebe, što se najnepo-

---

15) Član 14. Statuta SKJ

srednje ispoljava kroz nesinhronizovano programiranje i ukrštanje različitih akcija koje se istovremeno pokreću i vode nezavisno jedna od druge. Takvim delovanjem interes radničke klase ne može neposredno da se ispoljava već se, umesto toga, javlja svojevrsno policentrističko posredništvo, preko kojeg mogu dolaziti do izražaja različiti interesi. Slaba međusobna povezanost organizacija i organa avangarde vodi njihovom zatvaranju, koje i unutar njih samih sužava mogućnosti za demokratsko dogovaranje. Zatvorenost organizacija i organa u stvari omogućava da odlučujuću ulogu u konstituisanju njihovih stavova zadržavaju članovi koji zauzimaju najuticajnije pozicije u društvu, od čijih opredeljenja, zbog toga, zavisi i sadržina tih stavova. Otuda su, na bazi zaštite određenih parcijalnih interesa, moguća i znatna odstupanja od pozicija radničke klase.[16]

Rezultati empirijskih ispitivanja iz 1972. godine pokazuju da su odlučujući uticaj na rad većine osnovnih organizacija još uvek imali članovi koji obavljaju rukovodeće funkcije u društvu i Savezu komunista. Uticaj ovih članova je tim veći što oni, po pravilu, deluju kolektivno, nasuprot individualnoj i uglavnom nepovezanoj aktivnosti ostalih članova. Gotovo u svim ispitivanim radnim organizacijama i mesnim zajednicama delovali su takozvani politički aktivi sastavljeni od aktivista koji obavljaju rukovodeće funkcije u organizaciji SK, društveno-političkim organizacijama, radnoj organizaciji ili mesnoj zajednici.

Politički aktiv prethodno raspravlja i zauzima stavove o problemima radne organizacije i mesne zajednice, a zatim priprema »teren« za njihovo prihvatanje u političkim organizacijama i organima samoupravljanja. Ali i u samom aktivu odlučujući uticaj često imaju pojedinci, među kojima nije uvek i sekretar partijske organizacije. U radnim organizacijama najuticajnija ličnost je, po pravilu, direktor, koji je ne samo najstalniji član aktiva već ima relativno najveći uticaj i na izbor ostalih članova. Od anketiranih članova Saveza komunista, 21% je izjavilo da direktor ima veliki ili vrlo veliki, a 22% da ima osrednji uticaj na izbor sekretarijata organizacije SK.

Uticaj političkog aktiva na organizaciju Saveza komunista vrši se, po pravilu, preko sekretara odnosno sekretarijata. U većini ispitivanih organizacija sekretar i sekretarijat su imali odlučujuću ulogu u pripremanju i zauzimanju njihovih stavova. U pojedinim organizacijama oni su se jedino i angažovali u pripremi sastanaka, ali i tamo gde se anga-

---

16) »Forumski način rada, udaljenost i nedovoljna povezanost foruma i članstva, slaba aktivnost u bazi, bili su — kako je konstatovano na II konferenciji SKJ 1972. godine — pogodno tlo za razne idejne i političke deformacije«, referat V. Vlahovića, *Druga konferencija SKJ*, »Komunist«, »Oslobođenje«, 1972, Beograd, str. 35.

žovao širi krug članova samo su sekretar i sekretarijat odlučivali o tome s kakvim će predlozima istupati pred organizacijom. Sekretar i ostali članovi koji obavljaju rukovodeće funkcije u radnoj organizaciji ili mesnoj zajednici davali su glavni ton diskusiji na sastancima organizacije, dok se veći deo članstva najčešće pasivno izjašnjavao. Više od 24% anketiranih članova SK ukazalo je i na pojavu nametanja stavova od strane sekretarijata ili uticajnih pojedinaca i grupa, ali organizacije se nisu ni izjašnjavale uvek o bitnim pitanjima političkog delovanja, već su konačni stavovi zauzimani u sekretarijatu ili političkom aktivu.

Iako nisu formalno institucionalizovani, politički aktivi su na svim nivoima društvenog organizovanja delovali kao oblik stvarnog političkog dogovaranja. Oni su, u stvari, predstavljali preobraženi oblik partijsko-državne simbioze iz perioda etatizma. Do usvajanja samoupravnog kursa izvršni organi su imali gotovo isključivu ulogu u partijskom odlučivanju. Pošto su njihovi članovi istovremeno obavljali i partijske i državne funkcije, u izvršnim organima Partije bila je praktično koncentrisana celokupna vlast, pa pored njih nisu mogli egzistirati neki samostalni centri političkog odlučivanja.

Od personalnog razdvajanja najodgovornijih partijskih i državnih funkcija, promene u njihovom međusobnom odnosu prošle su kroz tri različite faze. U prvoj fazi nosioci državnih funkcija su i dalje birani u izvršne organe Partije, preko kojih je direktno obezbeđivano jedinstveno delovanje. Iako sami nisu obavljali najodgovornije funkcije državne vlasti, partijski rukovodioci su najneposrednije sarađivali s njihovim nosiocima i zajednički pripremali najznačajnije političke odluke. Problem koordinacije javlja se već u drugoj fazi, kad se državni funkcioneri zadržavaju u forumima Saveza komunista ali ne i u njihovim izvršnim organima, a naročito se zaoštrava u trećoj fazi, kad se počinje potpuno napuštati kumulacija partijskih i državnih funkcija. Uporedo s tim, politički aktiv sve više deluje kao glavni subjekt politike koji faktički vrši odlučujući uticaj na sve političke institucije.

Potreba za delovanjem preko političkog aktiva postajala je utoliko izrazitija ukoliko je razvoj demokratskih odnosa u društvu i Savezu komunista zaostajao za decentralizacijom vlasti i političkog odlučivanja. Osamostaljivanje različitih centara političkog odlučivanja bez odgovarajuće demokratizacije društvenih i unutarpartijskih odnosa dovodilo je do određene disharmonije, pa i razilaženja u političkom delovanju. U takvim uslovima je najpogodniji oblik koordinacije nađen u političkom aktivu.

Ukoliko su, međutim, razvijani demokratski odnosi u društvu i Savezu komunista, objektivno je postajalo sve manje moguće da se koordinacija političkog delovanja vrši preko političkih aktiva. Stoga je neizbežno dolazilo do slabljenja njihove uloge, koje je često praćeno dramatičnim sukobima i u samom aktivu. Rešenje je nađeno u ponovnom uključivanju nosilaca najznačajnijih društvenih funkcija u šire političko-izvršne organe (predsedništva) partijskih komiteta. Trajno rešenje, koje može obezbediti efikasno ostvarivanje usmeravajuće uloge avangarde u uslovima samoupravljanja, leži međutim u razvoju demokratskih odnosa; oni već sami po sebi unose odgovarajući sistem u političko delovanje, tako da svaki vid koordinacije izvan tih odnosa postaje suvišan.

Razvoj demokratskog odlučivanja u organizaciji avangarde objektivno je uslovljen razvojem socijalističkih odnosa u društvu. U uslovima etatizma partijsko odlučivanje je, analogno koncentraciji državne vlasti, koncentrisano u rukovodstvu partije. Pošto se odluke rukovodstva sprovode preko partijskog aparata, uloga organizacija i foruma svodi se uglavnom na izbor rukovodećih organa i formalno potvrđivanje njihovih odluka. S obzirom na to da gotovo i nema značajnijih pitanja o kojima organizacije i forumi mogu samostalno odlučivati, mogućnosti za aktivno učešće članstva u izgrađivanju politike objektivno su veoma ograničene.

Razvojem samoupravljanja ove mogućnosti se stalno proširuju. Organizacije i organi avangarde postaju odgovorni ne samo za sprovođenje odluka koje donose viši organi, već i za usmeravanje društveno-političke prakse u vlastitoj sredini. Zahvaljujući tome povećava se idejno-politička aktivnost članstva i jača njegova stvaralačka uloga u politici.

Analiza dokumentacije ispitivanih organizacija Saveza komunista pokazuje da razvojem samoupravljanja stalno raste broj članova koji aktivno sudeluju u radu organizacija i organa SK. To naročito pokazuju istupanja na partijskim skupovima. U početku su na sastancima organizacija i sednicama organa istupali pretežno članovi koji obavljaju rukovodeće funkcije u društvu i Savezu komunista, a zatim sve više i ostali članovi SK. Pri tom je i diskusija na ovim skupovima postajala sadržajnija i raznovrsnija po tematici, što odgovara stalnom proširivanju kruga pitanja kojima se organizacije i organi SK bave.

Uporedo s tim, dolazi i do dubljih kvalitativnih promena u karakteru diskusija. Dok su u početku pretežno vođeni monolozi kojima su uglavnom podržavani predlozi izvršnih organa, kasnije se sve više razvija kritički dijalog u traženju što konstruktivnijih rešenja. S obzirom na birokratske otpore takvoj diskusiji, sve izrazitije se nametala potreba za njenim političkim i statutarnim sankcionisanjem. U tom pogledu od posebnog je značaja stav koji je zauzet na IX kongresu SKJ, da je »slobodno izražavanje i suočavanje mišljenja način da se dođe do onih platformi koje najbolje izražavaju potrebe i interese udruženih proizvođača«[17].

Uloga članstva povećava se i u fazi pripremanja političkih odluka. Dok su ranije partijske skupove pripremali samo izvršni organi, razvojem samoupravljanja stalno se proširuje krug aktivista koji u tome sudeluju. Reorganizacijom SK stvoreni su raznovrsni oblici organizovanja putem kojih je članstvo moglo neposredno učestvovati u pripremanju političkih odluka. To je doprinelo da se u praksi poveća broj članova koji aktivno učestvuju u pripremanju političkih odluka. Samim tim povećan je i njihov uticaj na politiku Saveza komunista. Od anketiranih članova SK, 34% je izrazilo mišljenje da se reorganizacijom Saveza komunista povećava uticaj članstva na njegovu politiku, a 17% da se, uporedo s tim, smanjuje moć rukovodilaca.

Aktivno učešće u izgrađivanju politike je bitna pretpostavka samostalnog angažovanja u njenom ostvarivanju. Samoupravljanje uslovljava bitne promene u ostvarivanju politike avangarde. Menja se ne samo način borbe za prihvatanje stavova avangarde u društvu, već i odnos samih članova avangarde prema tim stavovima.

U uslovima etatizma, sprovođenje partijskih direktiva obezbeđuje se rigoroznom partijskom disciplinom oslonjenom na sankcije koje dovode u pitanje ne samo opstanak u partiji već i položaj koji član zauzima u društvu. Ali ni u uslovima etatizma takva disciplina ne predstavlja jedini, pa ni odlučujući faktor sprovođenja partijske politike. Iz same prirode društvenih i unutarpartijskih odnosa proističe određeni interes člana za disciplinovano izvršavanje partijskih zadataka, jer od toga zavisi ne samo napredovanje u političkoj karijeri već i položaj u društvu uopšte.

Ukoliko se razvija samoupravljanje, položaj člana avangarde u društvu sve manje zavisi od odnosa prema stavovima partijske organizacije, zbog čega neizbežno slabi njegov interes za ostvarivanje tih stavova ako oni ne nastaju kao neposredan izraz njegovih vlastitih ubeđenja. To objektivno uslovljava potrebu za odlučujućom ulogom članstva u izgrađivanju političkih stavova avangarde. Bez aktivnog učešća u izgrađivanju tih stavova članstvo ne samo što neće biti u potrebnoj meri zainteresovano da se za njih bori, nego neće ni moći da to kvalifikovano čini. Da bi idejno-politički uticao na ostale članove samoupravne zajednice, član avangarde se mora najpre sâm uveriti u ispravnost stavova za koje se zalaže, što je moguće samo ako neposredno učestvuje u njihovom izgrađivanju.

---

[17]) Rezolucija o daljem razvoju SKJ, *IX kongres SKJ*, »Kultura«, 1969, str. 414.

Demokratskim izgrađivanjem stavova avangarde uslovljeno je i njihovo demokratsko sprovođenje. U uslovima etatizma član dobija konkretne zadatke koje utvrđuje rukovodstvo organizacije. Nasuprot tome, u uslovima samoupravljanja konkretne zadatke putem demokratskog dogovora utvrđuje samo članstvo. Stavovima koji se zauzimaju na pojedinim nivoima organizovanja avangarde usmerava se samo *zajedničko* delovanje, u okviru kojeg svaka organizacija treba samostalno da organizuje svoje akcije. Osnovna organizacija se, na taj način, pojavljuje kao početna i istovremeno završna instanca u demokratskom dogovaranju članstva o zajedničkim akcijama.

U osnovnoj organizaciji članstvo se mora dogovarati kako o sadržini, tako i o načinu ostvarivanja zajedničkih stavova. To je neizostavna pretpostavka jedinstvenog delovanja u borbi za društvenu afirmaciju i realizaciju politike avangarde u uslovima samoupravljanja. Ukoliko se više razvijaju samoupravni odnosi, utoliko postaje neophodnije da se celokupno članstvo avangarde angažuje u sagledavanju društvenih uslova i načina ostvarivanja njenih stavova.

Konkretan demokratski dogovor o jedinstvenom delovanju je uslov demokratske odgovornosti za njegovo ostvarivanje. Ako putem demokratske rasprave nisu jasno definisani stavovi organizacije, moguće je da usled različitog tumačenja dolazi do razilaženja pri njihovom ostvarivanju, bez obzira na podudarnost interesa. U tom slučaju nema osnova za postavljanje pitanja odgovornosti zbog nedoslednosti u sprovođenju zauzetih stavova.

Demokratski dogovor se, na taj način, pojavljuje kao bitna pretpostavka za ostvarivanje jedinstva zajedničke akcije, u kojoj svi članovi organizacije deluju samostalno i u istom smeru. Jedinstveno delovanje ovde direktno proističe iz osećanja zajedničke potrebe za ostvarivanjem jedinstvenih ciljeva. Zbog toga je jedinstvo imanentno zajedničkoj akciji i javlja se kao njen prirodni izraz. U tome je bitna razlika između demokratskog i birokratsko-centralističkog jedinstva, koje se uspostavlja spolja, putem hijerarhijske kontrole delovanja.

To, međutim, ne znači da demokratsko jedinstvo akcije isključuje svaku kontrolu delovanja. Sve dok postoji mogućnost razilaženja, postoji i potreba za kontrolom sprovođenja stavova organizacije. Ali, demokratizacijom odlučivanja i kontrola sprovođenja odluka dobija demokratska obeležja. Ona se, u stvari, pretvara u samokontrolu na bazi uzajamne odgovornosti svih članova organizacije. Svaki član organizacije mora prema svim ostalim članovima istovremeno da se odnosi i kao »kontrolor« i kao »kontrolisani«, što, u suštini, znači negaciju birokratsko-hijerarhijske kontrole karakteristične za centralističko organizovanje.

Tendencije svođenja aktivnosti SK na individualno delovanje izražavale su se kroz odsustvo demokratskih dogovora o zajedničkim akcijama. Stvarano je predubeđenje da su stavovi foruma dovoljna orijentacija za jedinstveno delovanje članstva, što je imalo za posledicu da su se osnovne organizacije često zadovoljavale samo upoznavanjem tih stavova. Od članova SK anketiranih 1972. godine, 22% je izjavilo da njihova organizacija retko donosi ili uopšte ne donosi zaključke.

Ukoliko nisu donosile zaključke, organizacije nisu ni kontrolisale sprovođenje stavova Saveza komunista. Rezultati empirijskih ispitivanja pokazuju, međutim, da je kontrola retko ostvarivana i onda kada su zaključci donošeni. Od anketiranih članova SK, 51% je odgovorilo da njihova organizacija samo ponekad kontroliše izvršavanje usvojenih zaključaka, a 8% da to nikad ne čini.

Nasuprot tome, stvarno stanje u pogledu akcionog jedinstva Saveza komunista upućivalo je ne samo na intenziviranje kontrole, već i na zaoštravanje političke odgovornosti. Od članova SK anketiranih u 1972. godini, samo je 24% odgovorilo da je akciono jedinstvo u njihovoj organizaciji veliko ili vrlo veliko, 31% da je osrednje, a 20% da je malo, vrlo malo ili nikakvo. Analogno tome, samo je 15% anketiranih izjavilo da se svi članovi njihove organizacije pridržavaju zajedničkih stavova, 54% da to čini većina, 25% da se pridržava samo manjina, a 3% da se ne pridržava niko.

Rezultat takvog odnosa prema stavovima organizacije bio je: relativno nizak stepen njihovog ostvarivanja. Od anketiranih članova SK, samo je 5% odgovorilo da se ostvaruju sve odluke njihove organizacije, 46% da se ostvaruje većina, dok je 45% reklo da se ostvaruje tek poneka ili nijedna. Neodgovoran odnos prema usvojenim stavovima u celini se veoma nepovoljno odražavao na ostvarivanje politike Saveza komunista.

Zbog toga je u Pismu Predsednika SKJ i Izvršnog biroa Predsedništva SKJ, od septembra 1972. godine, krajnje zaoštreno pitanje akcionog jedinstva i odgovornosti za ostvarivanje politike Saveza komunista. Predočena je opasnost da »postignuti rezultati budu ugroženi, a uspeh politike SKJ doveden u pitanje, ako se Savez komunista ne preobražava u takvu organizaciju revolucionarne akcije koja je u stanju da svoje stavove i politiku efikasnije pretvara u život«. U Pismu je ukazano na neophodnost da se »u svakoj organizaciji i forumu Saveza komunista ustali praksa redovnog kritičkog ocenjivanja kako se sprovode usvojeni zaključci, da li se i kako komunisti pridržavaju tih zaključaka tamo gde rade i žive, tamo gde se odlučuje o društvenim poslovima — u samoupravnim organima, u predstavničkim, izvršno-

-političkim i upravnim organima vlasti, u društveno-političkim organizacijama«.

Promene do kojih razvojem samoupravljanja dolazi u stvaranju i ostvarivanju politike avangarde podrazumevaju radikalne izmene i u načinu informisanja. U uslovima etatizma informisanje u osnovi služi ostvarivanju državne vlasti, usled čega je neposredno vezano za partijski odnosno državni aparat, koji usmerava i kontroliše kretanje svih društveno relevantnih informacija. Zbog karaktera državne vlasti ove informacije ili nisu uopšte dostupne javnosti, ili se one objavljuju samo po odobrenju državnih odnosno partijskih organa.

Ukoliko član partije neposredno učestvuje u vršenju vlasti on je povlašćen i po mogućnostima informisanja, jer dolazi i do informacija koje su nedostupne ostalim građanima. Ali ni samo partijsko članstvo nije podjednako informisano, jer je stepen informisanosti određen položajem u partijskom i državnom aparatu. Informisanje je hijerarhijski diferencirano analogno načinu konstituisanja vlasti. Pri tom je informisanje članstva, za razliku od rukovodstva partije, podređeno sprovođenju partijskih direktiva, pa je, shodno tome, ograničeno na informacije koje služe samo ostvarivanju izvršne funkcije.

Ukoliko razvojem samoupravljanja nestaje monopol vlasti, utoliko se prevazilazi i monopol na informisanje. Umesto ostvarivanju državne vlasti, informisanje sve više služi samoupravnom funkcionisanju društva, što uslovljava korenite promene u njegovom karakteru. Društveno relevantne informacije mogu da ostvaruju svoju funkciju samo ako su javne i dostupne svakom samoupravljaču. Samoupravljanje, već po svojoj prirodi, zahteva i pretpostavlja javno informisanje, koje se, umesto centralističkim usmeravanjem od strane državnog i partijskog aparata, obezbeđuje direktnom razmenom informacija između samih samoupravljača. Društveno informisanje se razvija kao sistem uzajamnog komuniciranja samoupravljača u kojem se svako pojavljuje kao aktivan subjekt koji i prima i daje informacije.

Javno i uzajamno informisanje dovodi sve samoupravljače u ravnopravan odnos prema informaciji. Nestaju i podvojenosti među samim članstvom avangarde, jer se i u društvu i u organizaciji avangarde prevazilazi diferenciranost informisanja prema hijerarhiji vlasti. Zbog toga takvo informisanje ima sve veću ulogu u ostvarivanju i društvene funkcije samoupravljača i idejno-političke funkcije avangarde. Interno informisanje sve više ustupa mesto javnom kretanju informacija.

U uslovima samoupravljanja informisanje članstva avangarde služi ostvarivanju njegove aktivne uloge kako u ostvarivanju, tako i u stvaranju politike. Zbog toga ono mora biti svestranije i potpunije nego u uslovima etatizma. Da bi kvalifikovano učestvovao u izgrađivanju političkih stavova, član avangarde mora da raspolaže svim za to neophodnim informacijama. Kompleksno informisanje postaje neizostavna pretpostavka njegove stvaralačke uloge.

Ravnopravno učešće u politici avangarde pretpostavlja jedinstveno informisanje članstva, koje svaku informaciju relevantnu za političko delovanje čini podjednako dostupnom svakom članu organizacije. Umesto diferenciranosti prema društvenoj poziciji člana, mora sve više da se razvija raznovrsnost jedinstvenog informisanja, koja omogućava efikasno demokratsko delovanje pod najrazličitijim uslovima. Iako je objektivno uslovljena razvojem demokratskih odnosa u društvu i organizaciji avangarde, raznovrsnost informisanja se, sa svoje strane, i sama pojavljuje kao značajan uslov demokratizacije.

IX

PROMENE U ORGANIZOVANJU
AVANGARDE

Ukoliko se razvojem samoupravljanja menja način odlučivanja i sprovođenja odluka, neophodno je da se vrše odgovarajuće promene i u načinu organizovanja avangarde. Organizovanje avangarde je, u stvari, uvek u funkciji njenog delovanja, a pošto je način delovanja određen društvenim uslovima i ciljevima koji se žele ostvariti, time je, u osnovi, određen i način organizovanja.

Centralistički način političkog delovanja u uslovima etatizma zahteva i centralistički institucionalizovano organizovanje partije. Neophodni su jedinstveni, ustaljeni kanali kretanja direktiva iz partijskog centra i striktno određena mesta njihovog prihvatanja i polaganja računa o sprovođenju. Bez takvog organizovanja partijski aparat ne bi mogao da usmerava i kontroliše sprovođenje partijskih odluka.

Ukoliko se razvojem samoupravljanja razvija demokratsko delovanje avangarde, organizovanje mora da otvara mogućnosti za ispoljavanje aktivne uloge članstva u stvaranju i ostvarivanju politike. Umesto sprovođenju direktiva rukovodstva, ono treba da služi masovnom ispoljavanju inicijative članstva, demokratskom izgrađivanju političkih stavova i samostalnom angažovanju organizacija u njihovom ostvarivanju. Centralistički konstituisana organizaciona struktura avangarde mora zbog toga da se transformiše u mehanizam demokratskog organizovanja članstva.

Problem demokratskog organizovanja avangarde svodi se, u suštini, na problem akcionog povezivanja članstva. On se sastoji pre svega u tome da se omogući: prvo, demokratsko prerastanje pojedinačnih inicijativa u zajedničke akcije članstva; drugo, neposredno dogovaranje članstva o zajedničkim akcijama na svim nivoima organizovanja avangarde; i treće, jedinstveno angažovanje svih članova u ostvarivanju demokratski usvojenih stavova. Demokratsko organizovanje može odgovoriti svojoj funkciji samo ako ispunjava svaki od ova tri zahteva.

Radi ostvarivanja vodeće uloge, avangarda u socijalizmu mora da se organizuje analogno organizovanju društva. U uslovima uspostavljanja državne vlasti ona se organizuje centralistički, kao što se organizuje i državni aparat. Naspram državnih organa konstituišu se partijski organi između kojih se, analogno državnoj hijerarhiji, uspostavljaju hijerarhijski odnosi. Na taj način uspostavlja se potpuna dominacija partijskog aparata nad partijskim članstvom, koje se, u skladu s organizovanjem društvene baze, organizuje u partijske ćelije u radnim organizacijama i administrativno-teritorijalnim jedinicama stanovanja.

S obzirom na to da se u uslovima etatizma ne javlja potreba za direktnim povezivanjem radnih organizacija, ni međusobno ni s osnovnim teritorijalnim jedinicama, nema potrebe ni za direktnim komuniciranjem između partijskih ćelija. Zbog toga se osnovne partijske organizacije vezuju samo po vertikali za partijski aparat, kao što se unutar aparata niži organi vezuju za više. I pošto je partijsko odlučivanje, analogno državnoj vlasti, centralizovano, unutar partije se uspostavljaju hijerarhijski odnosi koji delovanje partijskih ćelija čine potpuno zavisnim od partijskog aparata.

Ovakva organizaciona struktura avangarde neizbežno dolazi u sukob s načinom njenog delovanja u uslovima samoupravljanja. Rešenje, međutim, nije u raspuštanju same organizacije, što u suštini znače tendencije svođenja aktivnosti avangarde na individualno delovanje njenih članova. U stvari, u samoupravnom društvu avangarda dostiže najviši stepen organizovanosti, kao što i sama društvena zajednica u samoupravljanju dostiže najviši stepen svoje organizovanosti.

Osnovnu organizacionu pretpostavku za efikasno delovanje avangarde u samoupravnom društvu predstavlja uslov da se ona unutar samoupravnih zajednica na svim nivoima konstituiše u *jedinstvene* organizacije *članstva*. Takvo organizovanje omogućava da se članstvo neposredno dogovara o zajedničkom angažovanju u rešavanju osnovnih problema samoupravne zajednice i da, u skladu s postignutim dogovorima, jedinstveno deluje. Time se ispunjava jedan od osnovnih zahteva za efikasno funkcionisanje samoupravnog sistema — da avangarda deluje kao njegova unutarnja snaga.

Osnovu takvog organizovanja avangarde čini organizovanje njenih članova u osnovnim samoupravnim zajednicama. Ukoliko razvojem samoupravljanja jača uloga osnovne samoupravne zajednice, uporedo s tim mora da jača i uloga osnovne organizacije avangarde. Da bi ostvarivala vodeću ulogu u društvu, avangarda mora da prenosi težište svog angažovanja na idejno-političko usmeravanje samoupravne aktivnosti u *osnovnim* samoupravnim zajednicama, na čemu se zasniva funkcionisanje samoupravnog sistema u celini. Zbog toga pitanje organizovanog delovanja članstva u ovim zajednicama postaje centralno pitanje političkog organizovanja avangarde.

U uslovima etatizma, odgovornost člana za ostvarivanje politike partije ograničava se uglavnom na sprovođenje direktiva. Da bi se takva odgovornost obezbedila, potrebno je da član na *jednom* mestu prima direktive i polaže račun o njihovom sprovođenju. Organizovanje članstva dobija karakter ćelijske zatvorenosti, koja člana potpuno vezuje za određenu organizaciju, a organizaciju za određeni rukovodeći organ. Umesto direktnih odnosa, javljaju se posrednici ne samo između članstva i organa već i između samih članova avangarde.

Razvojem samoupravljanja član avangarde postaje odgovoran za delovanje cele organizacije, što uslovljava radikalne promene u načinu organizovanja. Član mora neposredno da učestvuje u akcijama avangarde u svim oblastima društvenog života i na svim nivoima društvenog organizovanja gde se odvija i njegova samoupravljačka aktivnost. Priroda samoupravnih odnosa zahteva da on deluje kao samostalan politički subjekt koji ispoljava inicijativu ne samo u individualnom delovanju već i u pokretanju i vođenju zajedničkih akcija. Zbog toga svaki član, a ne samo rukovodeći organi, postaje odgovoran za organizovano delovanje avangarde.

Dilema: proizvodni ili teritorijalni princip u organizovanju komunista, koja je isticana u raspravama o reorganizaciji SK, proisticala je, u stvari, iz starih pogleda na ulogu i delovanje avangarde. U prilog proizvodnom principu istican je argumenat da je težište borbe za samoupravljanje u radnoj organizaciji, koja se ne može samoupravno razvijati bez organizovane akcije komunista. A u prilog teritorijalnom principu da se komunisti moraju organizovano boriti za razvoj samoupravljanja u mesnoj zajednici, za šta su teritorijalne organizacije SK bez komunista iz radnih organizacija nesposobne.

Navedeni argumenti u stvari samo ukazuju na potrebu organizovanog delovanja komunista i u radnoj organizaciji i u mesnoj zajednici. Reorganizacijom je dilema do kraja razrešena, jer su osnovne organizacije SK u radnim i mesnim zajednicama konstituisane od svih komunista koji rade ili stanuju u ovim zajednicama. Kao osnovni kriterijum za formiranje organizacija uzeta je potreba za stalnim organizovanim delovanjem članstva, jer su statutarne obaveze (evidencija, članarina i sl.), koje se moraju obavljati na jednom mestu, objektivno izgubile odlučujući značaj koji su u tom pogledu ranije imale.

U uslovima etatizma, između zajednice rada i zajednice stanovanja posreduje državni aparat, zbog čega one ne stupaju u direktne međusobne odnose. To uslovljava da se i društveno-politička aktivnost u njima odvija zasebno i usmerava sa strane. Integrativna funkcija u povezivanju celokupne društvene aktivnosti ostvaruje se posrednički, pre svega preko partijskog i državnog aparata.

Osnovu društvene integrativnosti samoupravnog sistema čini neposredna vlast radničke klase. Osnovna organizacija udruženog rada i mesna zajednica su samo različiti oblici samoupravnog udruživanja uglavnom istih subjekata koji se udružuju radi ostvarivanja *zajedničkih* interesa. Dok se u državnoj organizaciji društva radni čovek u radnoj organizaciji pojavljuje samo kao proizvođač, a u teritorijalnoj zajednici samo kao potrošač, u samoupravnom sistemu on svugde deluje kao integralni društveni subjekt koji polazi od celine zajedničkih interesa.

Analogno tome, i član avangarde se u samoupravnom sistemu pojavljuje kao neposredni nosilac integrativne uloge avangarde, koja se može efikasno ostvarivati samo ako su subjekti idejno-političkog delovanja u organizaciji udruženog rada i mesnoj zajednici uglavnom *isti* članovi. Da bi se ostvarivala dominacija interesa radničke klase u društvu, neophodno je da se oni najpre izraze u osnovnim samoupravnim zajednicama, kako u organizaciji udruženog rada tako i u mesnoj zajednici. Jedan od uslova za to je da najsvesniji pripadnici klase organizovano deluju na usmeravanju samoupravne aktivnosti i u jednoj i u drugoj zajednici.

Ukoliko razvojem samoupravljanja član postaje odlučujući subjekt u celokupnom delovanju avangarde, utoliko se bitno menja uloga osnovne organizacije. Ona postaje mesto neposrednog dogovaranja članstva o zajedničkim akcijama ne samo u osnovnoj samoupravnoj zajednici već i na svim ostalim nivoima društvenog organizovanja, čime se iz osnova prevazilazi njen ćelijski karakter. Dok pri centralističkom delovanju članstvo u osnovnoj organizaciji samo bira predstavnike koji u njegovo ime učestvuju u utvrđivanju politike avangarde, sada ono tu ulogu neposredno ostvaruje.

Jedna od osnovnih funkcija demokratskog organizovanja avangarde je da, umesto posredništva, na svim nivoima političkog dogovaranja obezbedi direktno sučeljavanje autentičnih stavova članstva. To podrazumeva da pri konstituisanju političkih odluka članovi foruma istupaju sa stavovima svojih organizacija, čime se u suštini prevazilazi njihova posrednička uloga. Posredništvo se, na taj način, faktički zamenjuje delegatskim principom u konstituisanju i radu foruma avangarde.

Delegatski princip se ponekad neosnovano suprotstavlja demokratskom centralizmu, a on je, u stvari, njegov autentični organizacioni izraz. Delegiranje je, bar formalno, oduvek predstavljalo statutarnu osnovu konstituisanja foruma, ne samo komunističkih već i drugih političkih partija organizovanih na principu demokratskog centralizma. Kongresi i konferencije, koji obično iz svog sastava biraju ostale organe, svugde se, po pravilu, konstituišu od delegata organizacija. U praksi se, međutim, delegiranje još svugde svodi uglavnom na izbor delegata, bez obaveze zastupanja stavova organizacije u forumu. Takvo stanje nije uslovljeno samo društvenim uslovima delovanja, već i unutrašnjim tendencijama birokratizacije političkih partija.

Reorganizacijom SK izvršenom šezdesetih godina, donošenje značajnih partijskih odluka preneseno je s komiteta na konferencije, koje su delegatski konstituisane na svim nivoima organizovanja Saveza komunista. Time su u praksi podstaknute tendencije ostvarivanja suštine delegatskog principa, koje su ubrzale proces demokratizacije unutarpartijskih odnosa u Savezu komunista. Ali, pošto institucionalno nisu do kraja razrađeni instrumenti koji bi obezbedili doslednu primenu ovog principa, reorganizacijom su otvorene mogućnosti da se u praksi ispoljavaju i tendencije protiv demokratskog centralizma.

Odnos prema suštini delegatskog principa izražen je kroz dilemu: da li delegat u forumu treba da istupa autonomno, ili da zastupa stavove svoje organizacije. U prilog prvoj alternativi ističe se mišljenje da delegati treba da zastupaju opšti interes, i da se jedinstveni stavovi foruma ne bi mogli konstituisati ako bi njihovi članovi zastupali različite stavove svojih organizacija. Takvo mišljenje je zasnovano na pretpostavci da se organizacije a priori stavljaju u zaštitu parcijalnih interesa, i da su samo forumi pozvani da zastupaju opšti interes.

Time se prenebregava klasna opredeljenost članstva, a fetišizira klasna doslednost foruma, čime se zapada u kontradikciju, jer se i forumi konstituišu iz članstva. Nema nikakve garancije da će delegati autonomno bolje zastupati interese klase nego što to mogu činiti organizacije koje ih delegiraju. Pošto opšti interesi radničke klase ne postoje izvan konkretnih interesa njenih pripadnika, prirodno je da će se oni utoliko bolje sagledavati što se veći broj radnika, odnosno članova avangarde, neposredno izjašnjava. Ukoliko avangarda okuplja najsvesnije pripadnike klase, kolektivno delovanje njenih organizacija je u svakom slučaju veća garancija klasne doslednosti nego autonomno delovanje njihovih delegata. Kad pojedine organizacije u određenim pitanjima i odstupaju od klasnog interesa, one će u demokratskoj konfrontaciji, po pravilu, ostajati u manjini, što će ih primoravati da deluju na ostvarivanju usvojenih stavova i da istovremeno preispituju svoja opredeljenja.

Pod pretpostavkom da se demokratski centralizam dosledno primenjuje, ne postoji nikakva opasnost da se zbog različitih stavova organizacija ne mogu konstituisati jedinstveni stavovi foruma. Inače bi takva opasnost postojala i u slučaju autonomnog delovanja delegata, koji takođe mogu imati različita mišljenja, i to tim pre što je njih uvek više nego organizacija koje predstavljaju. Istina, pojedinci mogu doslednije zastupati interese klase nego pojedine organizacije, ali mogu i više odstupati, pa i potpuno napuštati klasne pozicije. Zbog toga je neophodno kolektivno potvrđivanje individualnih opredeljenja.

Prirodno je da organizacije putem demokratske konfrontacije prihvataju najprogresivnije stavove i da na osnovi toga ukazuju poverenje njihovim nosiocima. Kolektivno potvrđena progresivnost se onda javlja kao uslov delegiranja u forume, a ne obratno. U tom slučaju deplasirana je dilema da li delegat deluje autonomno ili po nalogu svoje organizacije, jer je njegov stav identičan sa stavom organizacije. Pod pretpostavkom da se organizacije slobodno izjašnjavaju, isključena je mogućnost da one u forume delegiraju članove koji ne prihvataju njihove stavove.

Autonomno delovanje delegata bez kolektivnog potvrđivanja u stvari je tipično posredništvo, koje može, ali i ne mora, da izražava interes klase. Pri centralističkom delovanju posredništvo je centralizovano i svedeno na autonomiju jednog centra, koji direktivnim usmeravanjem celokupne aktivnosti organizacije obezbeđuje svojevrsno jedinstvo akcije. Ako se decentralizacija političkog delovanja vrši bez istovremene demokratizacije, posredništvo se samo decentralizuje i prenosi na veći broj subjekata čije autonomno delovanje, povezano s idejnim razilaženjima, vodi dezintegraciji organizacije i jačanju tendencija anarholiberalizma.

Stvarno idejno i akciono jedinstvo avangarde ne može se obezbediti bez neposrednog učešća članstva u njegovom izgrađivanju, i bez dosledne primene delegatskog principa kao instrumenta demokratskog integrisanja organizacije. Takvo jedinstvo je objektivno uslovljeno samom prirodom samoupravnih odnosa. Razvojem samoupravljanja odnosi u SKJ su se, bez obzira na razne prepreke i devijacije, razvijali u pravcu sve neposrednijeg povezivanja foruma i njihovih članova s osnovnim organizacijama i članstvom.

Još u fazi formiranja stalnih konferencija u SKJ, većina članstva je shvatila i prihvatila demokratsku suštinu delegatskog principa. U anketi koja je sprovedena krajem 1967. i početkom 1968. godine, 54% članova SK izrazilo je mišljenje da delegat za opštinsku konferenciju SK treba obavezno da zastupa stavove organizacije koja ga delegira, 21% da treba samo da je konsultuje, dok se svega 7% izjasnilo za potpunu samostalnost delegata.[18] Naklonjenost prvoj varijanti najviše je ispoljena kod radnika, tehničke inteligencije i omladine, a najmanje kod administrativnih službenika.

Jačanjem aktivne uloge članstva u izgrađivanju politike avangarde, podudarnost opredeljenja delegata s opredeljenjem organizacije sve više postaje osnovni uslov delegiranja. Time se prevazilazi bezuslovni mandat kao izraz apstraktnog, a priori ukazanog i faktički ničim neuslovljenog poverenja. Da bi se obezbedilo stvarno učešće članstva u izgrađivanju stavova avangarde, neophodno je da se u forumima svaki put nađu oni koji najdoslednije izražavaju njegovo opredeljenje. Dosledno izražavanje kolektivnog opredeljenja članstva postaje suština punomoćja koje delegat dobija od organizacije.

Razvoj demokratskih odnosa u organizaciji avangarde direktno se izražava kroz promene u karakteru izbornog mandata. U uslovima etatizma izborna prava člana praktično se svode na formalnost, jer sastav nižih organa partije faktički određuju viši organi. Otuda i trajanje mandata zavisi uglavnom od poverenja višeg organa, koje se povremenim periodičnim izjašnjavanjem biračkih tela samo formalno potvrđuje. U tome je sadržan jedan od izvora podaničkog odnosa prema višim organima, i birokratskog odnosa prema nižim organima i članstvu. Tako, sa stanovišta stvarne demokratije, nastaje paradoksalno stanje u kojem se birači nalaze u inferiornom položaju prema izabranima. U stvari, demokratski izbori u centralistički konstituisanoj organizaciji predstavljaju samo privid.

U SKJ je prvi značajan korak u pravcu stvarne demokratizacije izbornog mandata učinjen na VIII kongresu, kada je Statutom predviđeno obavezno obnavljanje sastava organa SK prilikom svakog izbora. Ali tek su uvođenjem delegatskog principa u način njihovog konstituisanja ozakonjene institucije odgovornosti pred biračkim telom, kao što su ostavka, opoziv i razrešenje dužnosti. Statutom usvojenim na IX kongresu, organizacijama je dato pravo da »mogu opozvati one članove konferencije opštinske organizacije, koje su birale, kada utvrde da ne deluju u skladu s politikom SK, da ignorišu mišljenja, predloge i kritike članova«, ili da su neaktivni kao članovi konferencije«.[19]

Povećavanjem aktivne uloge članstva u odlučivanju, poverenje koje se ukazuje kolektivnim organima i pojedincima sve više zavisi od njihovog odnosa prema biračkom telu, zbog čega unapred utvrđeni

---

[18] Anketu je sprovela stručna služba CK SKJ na reprezentativnom uzorku od 2.600 članova SKJ
[19] Član 21. Statuta SKJ

vremenski mandat praktično gubi svoj smisao. Vremenski mandat u stvari i ne odgovara prirodi delegatskog principa. Ukoliko se delegiranje uslovljava podudarnošću opredeljenja delegata s opredeljenjem organizacije, ono se faktički vrši u svakoj konkretnoj akciji, bez obzira na to što se poverenje može iks puta uzastopno ukazivati istim pojedincima.

Naklonjenost takvom načinu delegiranja preovlađivala je u SKJ još u vreme uvođenja delegatskog principa u konstituisanje stalnih organa SK. U napred spomenutoj anketi, 39% članova SKJ izjasnilo se za izbor delegata prema određenim pitanjima, a 31% za izbor na određeno vreme, dok se 20% nije moglo opredeliti. Naklonjenost izboru prema određenim pitanjima najviše su ispoljili visokokvalifikovani radnici, tehnička inteligencija i omladina, a izboru na određeno vreme administrativni službenici i lica van radnog odnosa.

Bezuslovno delegiranje na određeno vreme u praksi je već pokazalo slabe strane, koje je nemoguće prevladati bez prevazilaženja takvog delegiranja. Empirijsko ispitivanje, koje je 1972. godine vršeno u jednom broju opštinskih organizacija SK, pokazalo je da većina delegata retko aktivno učestvuje u radu opštinskih konferencija, dok je jedan broj potpuno pasivan. Kvorum na sednicama konferencija kretao se između jedne polovine i dve trećine članova, uz redovno odsustvo trećine delegata. Slično stanje bilo je i u konferencijama osnovnih organizacija konstituisanim od stalnog delegatskog sastava.

Ispitivanjem je utvrđeno da su osnovni uzroci slabe aktivnosti delegata nedovoljna zainteresovanost i spremnost da kvalifikovano učestvuju u raspravi o svim pitanjima koja su na dnevnom redu konferencije. Većina delegata nije dovoljno motivisana da na svakoj sednici aktivno učestvuje u radu konferencije, a nije ni upućena u sve probleme o kojima se vodi rasprava. Nezainteresovanost i nespremnost delegata je utoliko izrazitija ukoliko nema prethodnih rasprava u osnovnim organizacijama. U tom slučaju manje je i osećanje lične odgovornosti delegata, jer ne postoji ni izraženo mišljenje organizacije koja ga delegira, ni kontrola njegovog odnosa prema tom mišljenju.

Uslovnim delegiranjem rešava se problem zainteresovanosti i spremnosti za kvalifikovano učešće u radu foruma, jer se delegiraju članovi koji su unapred potvrdili da su dovoljno upućeni u određena pitanja i dovoljno motivisani za njihovo progresivno rešavanje. U praksi je potreba za takvim delegiranjem često izražavana kroz pojavu da se forumi Saveza komunista sastaju u proširenom sastavu, kako bi se neposrednim učešćem članova koji su najviše upućeni u određena pitanja obezbedila kvalifikovana rasprava. Iako formalno ne učestvuju u odlučivanju, ovi članovi znatno utiču na opredeljenja delegata, a ponekad daju i osnovni ton diskusiji, u kojoj su često aktivniji od delegata. Iskustvo je, međutim, pokazalo da takva kompenzacija za uslovno delegiranje lako dovodi do narušavanja demokratskih odnosa, pogotovu što prošireni sastav foruma određuju izvršni organi.

Zbog toga se razvojem samoupravljanja sve imperativnije postavlja zahtev za uslovno delegiranje u konstituisanju foruma avangarde. Takvo delegiranje implicira veću fleksibilnost u određivanju sastava foruma, a istovremeno isključuje formalno ograničenje ponovnog izbora. Ono omogućuje da se najrevolucionarnijim članovima organizacije ukazuje poverenje bez formalnih ograničenja.

Obezbeđenje revolucionarnog kontinuiteta i onemogućavanje dominacije izvršnih organa glavni su argumenti koji su prilikom rasprava o reorganizaciji SKJ isticani u prilog zadržavanju stalnog sastava foruma. Ali stalnost sastava foruma sama po sebi ničim ne garantuje ostvarivanje tih ciljeva. Kontinuitet revolucionarnog delovanja avangarde može se obezbediti samo neprekidnom borbom za interese klase, koja u prve redove pokreta stalno izbacuje nove revolucionarne snage, što mora da se odražava i na sastav foruma da bi se ostvarivala njihova revolucionarna uloga. Revolucionarnost se najverodostojnije potvrđuje kroz akcije same klase u kojima, već po prirodi svoje uloge, mora da se angažuje celokupno članstvo avangarde. A ukoliko se u forumima avangarde demokratski sučeljavaju stavovi članstva, isključena je mogućnost dominacije izvršnih organa. Nasuprot tome, iskustvo pokazuje da se dominacija izvršnih organa najviše ostvaruje onda kad su forumi najmanje povezani sa članstvom i kad je njihov sastav, već i zbog toga, najpostojaniji.

Dominacija izvršnih organa čini prirodno obeležje centralističkog delovanja avangarde u uslovima etatizma. Takva pozicija neizbežno proističe iz rukovodeće uloge koju izvršni organi imaju u centralistički konstituisanoj organizaciji. Ukoliko se, međutim, razvijaju samoupravni odnosi u društvu, izvršni organi sve teže mogu da deluju kao rukovodstva i da centralistički usmeravaju delovanje organizacije. Tendencije zadržavanja takve uloge neizbežno vode odvajanju od organizacije, čime se povećavaju mogućnosti za politikantstvo, grupašenje i separatizam, jer se nasuprot izvršnim organima pojavljuju neformalne grupe koje nastoje da ostvare vlastitu dominaciju.

Demokratsko povezivanje i usmeravanje idejno-političkog delovanja avangarde u uslovima samoupravljanja može se vršiti samo na osnovi objektivnog sagledavanja i doslednog ostvarivanja autentičnih interesa radničke klase. To pretpostavlja stalno oslanjanje na rezultate naučne misli koji otkrivaju ove interese i puteve njihovog ostvarivanja. Avangarda se, radi toga, mora organizovati i delovati tako da se njeni stavovi i akcije redovno zasnivaju na naučnim saznanjima.

Polaznu osnovu izgrađivanja stavova avangarde ne može činiti slučajno sučeljavanje mišljenja članstva. Da bi se akcija organizacije od početka usmerila u pravcu doslednog ostvarivanja interesa klase, neophodno je da predlozi stavova polaze od naučno sagledanih potreba i pravaca delovanja. Za to su na svim nivoima organizovanja potrebni odgovarajući oblici rada putem kojih će se takvi predlozi kvalifikovano pripremati.

Nakon reorganizacije SKJ krajem šezdesetih godina, takva uloga je pripala stalnim komisijama organa SK, koje su definisane kao oblici praćenja društvenih kretanja i izučavanja idejnih i političkih pitanja u pojedinim oblastima delovanja Saveza komunista. Komisije su time institucionalno preuzele ulogu koju su u pripremanju političkih stavova imali izvršni organi, mada su se stvarne promene u tom pravcu relativno sporo razvijale, tako da su komisije praktično pretvarane u pomoćna tela izvršnih organa. Tome su doprinosile ne samo tendencije da se očuva dominacija izvršnih organa, već i dileme u načinu rada i konstituisanja komisija.

Najčešće su se javljale dileme: da li da komisije rade u stalnom ili promenljivom sastavu, i da li da se njihov sastav imenuje ili konstituiše na osnovi slobodnog opredeljivanja članstva. Iz toga su proisticala i različita rešenja u praksi, gde su najšire mogućnosti za kvalifikovano pripremanje političkih stavova ispoljile komisije koje, pored stalnog jezgra, povremeno okupljaju širi krug aktivista zavisno od pitanja koja razmatraju. Ukoliko su komisije uspevale da više apsorbuju tekovine nauke, utoliko su uspešnije ostvarivale svoju ulogu u kvalifikovanom pripremanju političkih stavova.

Proširivanjem kruga učesnika u pripremanju političkih stavova povećava se stvaralačka uloga članstva avangarde, ali to nije jedini, niti najznačajniji razlog tog proširivanja. Presudna je činjenica da se razvojem samoupravljanja objektivno sve više sužavaju mogućnosti da političke stavove kvalifikovano pripremaju izvršni organi. Da bi se istovremeno u svim sferama idejno-političke aktivnosti objektivno sagledavale različite tendencije i mogućnosti revolucionarnog delovanja, neophodno je da se u tome angažuje što širi krug stvaralačkih snaga.

Time se ne isključuje odgovornost izvršnih organa za pripremanje političkih odluka, ali oni se ne mogu ponašati kao arbitri koji odlučuju o sudbini pripremljenih predloga, čime bi se uloga radnih tela praktično svela na formalnost. Razvojem demokratskih odnosa u organizaciji težište rada izvršnih organa mora sve više da se prenosi na *organizovanje* političke aktivnosti. Dok je pri centralističkom delovanju organizatorska aktivnost izvršnih organa usmerena pre svega na sprovođenje odluka koje uglavnom sami donose, pri demokratskom delovanju aktivnost članstva i organizacija mora se organizovati i u procesu izgrađivanja odluka koje se donose demokratski. Svaka politička akcija zahteva određeni kontinuitet organizovanja, samo što pri demokratskom delovanju akcije avangarde dobijaju masovni karakter već u fazi definisanja njihovih ciljeva. Sprovođenjem demokratskog postupka u svim fazama izvođenja akcije, izvršni organi treba da obezbeđuju kontinuitet demokratskog organizovanja.

Potreba za menjanjem uloge izvršnih organa sagledana je u SKJ već pri koncipiranju reorganizacije započete šezdesetih godina. Izvršni organi su, u suštini, definisani kao organizatori političke aktivnosti članstva koji organizuju demokratsko izgrađivanje i ostvarivanje stavova avangarde. Takva definicija je logički izvedena iz osnovne postavke reorganizacije o odlučujućoj ulozi članstva u politici i političkom delovanju Saveza komunista.

U praksi je ostvarivanje takve uloge izvršnih organa pre svega u njima samima nailazilo na otpore. Tendencije zadržavanja monopola u odlučivanju uticale su da se težište njihovog rada relativno sporo prenosi na organizovanje političke aktivnosti članstva. To je bio jedan od uzroka i relativno sporog ostvarivanja osnovnih intencija reorganizacije, jer se Savez komunista mogao efikasno boriti za samoupravljanje samo ukoliko je delovao kroz organizovane akcije celokupnog članstva. Preispitivanje rada organizacija i organa SK, koje je vršeno u vezi s Pismom Predsednika SKJ i Izvršnog biroa Predsedništva SKJ 1972. godine, pokazalo je da su izvršni organi zapostavljali svoju ulogu u organizovanju političke aktivnosti članstva, ne samo u izgrađivanju već i u ostvarivanju stavova SK.

Osnovnu pretpostavku demokratskog organizovanja predstavlja dosledna borba za interese radničke klase. Ali ukoliko ovi interesi objektivno dolaze u sukob s političkim profesionalizmom, i organizatorsko-politička funkcija izvršnih organa sve se manje može obavljati profesionalno. Iskustvo pokazuje da su najsnažniji otpori ostvarivanju samoupravnog kursa dolazili iz redova profesionalnog političkog kadra, gde su se javljale i najsnažnije tendencije da se zadrže ključne pozicije u društvu. Zbog toga deprofesionalizacija organizatorsko-političkih funkcija i njihovo poveravanje najodlučnijim borcima za interese radničke klase postaje neizostavna pretpostavka za ostvarivanje organizatorske uloge izvršnih organa u organizacijama avangarde.

Deprofesionalizacija političkog rada u SKJ otpočela je praktično već uvođenjem samoupravljanja, odnosno razdvajanjem partijskih i državnih funkcija. Još na VI kongresu 1952. godine konstatovano je da se »smanjio broj plaćenih partijskih radnika u partijskim organizacijama i rukovodstvima« i da je to organizacijama »omogućilo da u partijska rukovodstva demokratskim putem biraju zaista najbolje komuniste, jer ih više nije trebalo odvajati od proizvodnje da bi radili u partijskim komitetima kao profesionalni partijski funkcioneri«.[20] Kongres je svojim stavovima doprineo da se ubrza deprofesionalizacija izvršno-političkih funkcija i da se, zahvaljujući tome, znatno smanji broj profesionalnog političkog kadra u Savezu komunista.[21]

Odlukom o ograničenju izbora na izvršne funkcije, VIII kongres je uneo kvalitativne promene u karakter političkog profesionalizma u SKJ. Statutom koji je Kongres usvojio utvrđeno je da se »na funkcije u osnovnim organizacijama SK i u rukovodećim i drugim organima Saveza primenjuje načelo ograničenja ponovnog izbora i imenovanja« i da »član SKJ može biti biran na istu izvršnu funkciju u osnovnoj organizaciji, komitetu, kontrolnoj i revizionoj komisiji više od dva puta uzastopno samo ako to zahtevaju opravdani razlozi«.[22] Reorganizacijom je posebno potenciran značaj deprofesionalizacije izvršnih funkcija u Savezu komunista. Centralni komitet SKJ je na IX sednici, održanoj u julu 1968, zaključio da »radi realizacije principa deprofesionalizacije u SK treba odlučnije raditi na tome da se tamo gde za to postoje uslovi određene funkcije neprofesionalno obavljaju« i da se »profesionalno obavljanje izbornih funkcija ograniči na jedan mandatni period«.[23] Najradikalniji zahtev za deprofesionalizaciju istaknut je na II konferenciji SKJ, 1972. godine, kada je rečeno da se »pred Savez komunista na nov način, ali i sa svom oštrinom, postavlja zahtev za takvom kadrovskom politikom koja će omogućiti da na rukovodeće funkcije bude izabrano, na stvarno demokratski način, što više politički najuzdignutijih radnika — neposrednih proizvođača, i to na svim nivoima od preduzeća do Predsedništva SKJ, s tim da i dalje ostanu u neposrednoj proizvodnji«.[24]

U praksi se mogu razlikovati tri razvojne faze kroz koje prolazi deprofesionalizacija izvršnih funkcija u Savezu komunista. Početnu

---

[20] Referat o organizacionim pitanjima, Arhiv SKJ, br. 16338
[21] Od 1950. do 1968. godine broj zaposlenih, izabranih i imenovanih funkcionera u SKJ smanjen je sa 11.930 na 804. (Vidi magistarski rad Đoke Tozi, *Politički profesionalizam u jugoslovenskom samoupravnom društvu*, Fakultet političkih nauka u Beogradu, 1971, str. 62.
[22] Član 13. Statuta SKJ
[23] *Rezolucija o kadrovskoj politici*, Dokumentacija CK SKJ
[24] Referat V. Vlahovića, *Druga konferencija SKJ*, »Komunist«, »Oslobođenje«, Beograd, 1972, str. 37.

fazu karakteriše obavezno periodično smenjivanje profesionalnih političkih radnika na izvršnim funkcijama, drugu povremeno obavljanje profesionalnih funkcija od strane članova kojima politika nije stalna profesija, i treću volontersko obavljanje funkcija koje su ranije obavljane profesionalno.

U stvari, tek treća faza znači deprofesionalizaciju u pravom smislu. U prvoj fazi vrši se samo rotacija profesionalnog političkog kadra, u drugoj se stalni profesionalni kadar zamenjuje povremenim, ali se izvršne funkcije i dalje obavljaju profesionalno. Zbog toga ove faze označavaju, u stvari, samo prelaz sa profesionalnog na volontersko obavljanje izvršnih funkcija.

Pri povremenom obavljanju profesionalnih funkcija od strane članova kojima politika nije stalna profesija još se zadržavaju tendencije reprodukovanja političkog profesionalizma. Ispitivanja pokazuju da većina ne želi da se vrati ranijem pozivu i da profesionalne političke funkcije najviše i prihvataju oni koji nameravaju da sasvim napuste stručno zanimanje, dok se dobri stručnjaci nerado odvajaju od svog posla. Zbog toga se dešava da na odgovorne političke funkcije dolaze i oni koji nisu najzainteresovaniji za oslobođenje rada, i među kojima uvek ima pojedinaca motivisanih karijerističkim ambicijama.

Volontersko obavljanje izvršnih funkcija objektivno omogućava veću odlučnost u političkom delovanju, jer nije vezano za obezbeđenje životne egzistencije. Političkom profesionalizmu je, međutim, već po njegovoj prirodi imanentan karijerizam, u kojem se krije jedan od osnovnih izvora oportunizma. Zbog toga profesionalno obavljanje rukovodećih funkcija brzo rađa karijerističke ambicije i kod onih kojima su one ranije bile potpuno strane. Ukoliko isključuje karijerizam, volonterstvo, nasuprot tome, znatno oslobađa revolucionarnu inicijativu.

Osnovni problem u ostvarivanju deprofesionalizacije izvršnih funkcija je u tome što je ona jedan od uslova demokratizacije odnosa u organizaciji avangarde kojom je i sama bitno uslovljena. Empirijska ispitivanja su pokazala da teškoće u volonterskom obavljanju izvršnih funkcija u organima SK proističu pre svega iz nerazvijenih demokratskih odnosa i zastarelog načina rada. Angažovanost u operativnim poslovima i pripremanju političkih odluka je glavno obrazloženje koje su anketirani funkcioneri dali uz odgovor da se funkcije koje oni profesionalno obavljaju ne mogu obavljati volonterski. Analizom svakodnevne aktivnosti jednog broja sekretara opštinskih komiteta, koja je izvršena 1972. godine, utvrđeno je da oni najviše vremena provode na raznim sastancima i u obavljanju tekućih poslova komiteta, a da se znatno manje bave organizatorsko-političkim radom.

Osnovni uslov za ostvarivanje deprofesionalizacije izvršnih funkcija je demokratizacija odnosa u organizaciji avangarde, koja podrazumeva radikalne promene i u načinu rada izvršnih organa. Što se više članova angažuje u pripremanju i sprovođenju političkih odluka, to se uloga izvršnih organa više svodi na organizovanje političkih akcija, čime se oni oslobađaju najvećeg dela poslova koje obavljaju u uslovima centralističkog delovanja. Ali deprofesionalizacija je i sama jedan od činilaca demokratizacije, zbog čega u procesu njenog ostvarivanja mora da se vrši istovremeno s ostalim promenama.

SAMOUPRAVLJANJE I DEMOKRATSKI
CENTRALIZAM U ORGANIZOVANJU
I DELOVANJU AVANGARDE

Samoupravljanje, dakle, uslovljava radikalni preobražaj avangarde. Komunistička partija Jugoslavije je nastankom samoupravljanja počela da se transformiše u potpuno novi, ranije nepoznat tip organizacije. Iz toga se ponekad izvode neosnovani zaključci o neminovnosti napuštanja demokratskog centralizma u organizovanju i delovanju Saveza komunista.

Na takvo zaključivanje uveliko utiče i ukorenjeni dogmatizam u shvatanju demokratskog centralizma, čiji se koreni nalaze u poluvekovnoj praksi centralističkog organizovanja i delovanja komunističkog pokreta. Do pojave samoupravljanja sve komunističke partije su bile organizovane na gotovo identičan način, koji se decenijama nije menjao. Ali ne samo u praksi, već i u teoriji, demokratski centralizam je shvatan kao isključivo centralistički način organizovanja i delovanja, to jest kao birokratski centralizam.

U Statutu KPJ usvojenom na V kongresu, 1948. godine, demokratski centralizam je, po uzoru na Statut Komunističke partije Sovjetskog Saveza, definisan kao: a) izbornost svih rukovodećih organa Partije od najnižih do najviših; b) periodično polaganje računa partijskih organa pred svojom organizacijom; c) stroga partijska disciplina i pokoravanje manjine većini; i d) bezuslovno pokoravanje nižih organa odlukama viših organa.

Osnovna protivrečnost takve definicije sastoji se u tome što se pokoravanje manjine većini i pokoravanje nižih organa odlukama viših organa faktički isključuju ako većina ne učestvuje u donošenju tih odluka. U praksi se, međutim, ta protivrečnost nije ispoljavala, iz prostog razloga što je princip pokoravanja manjine većini svođen na formalnost i faktički pretvaran u svoju suprotnost. Na taj način su uspostavljani hijerarhijski odnosi u organizaciji, koji najvišem rukovodećem organu objektivno obezbeđuju monopol na odlučivanje.

Centralistički odnosi u organizaciji avangarde nisu, međutim, samo niti prvenstveno rezultat odgovarajućih shvatanja. Oni su objektivno uslovljeni centralističkim odnosima u društvu, u kojima avangarda ne može ostvarivati svoju ulogu a da se i sama ne organizuje centralistički. To pokazuje da u organizovanju društva i avangarde postoji određena zakonita analogija.

Zbog toga je prirodno da se razvojem samoupravljanja prevazilazi centralističko organizovanje i delovanje avangarde, što, međutim, ne znači ukidanje već, naprotiv, ostvarivanje demokratskog centralizma. U stvari, tek samoupravljanje omogućava praktično ostvarivanje takvog centralizma, i u društvenim i u unutarpartijskim odnosima. Jednu od osnovnih razlika između etatizma i samoupravljanja čini upravo pretvaranje formalne u stvarnu demokratiju.

Time se prevazilazi napred pomenuta protivrečnost, jer odluke izbornih organa dobijaju karakter zajedničkog dogovora članstva, čijim se disciplinovanim sprovođenjem zaista ostvaruje princip pokoravanja manjine većini. U tom slučaju se i pokoravanje nižih organa odlukama viših organa svodi isključivo na pokoravanje većini, kojoj manjina ne može nametnuti svoje stavove. Princip demokratskog centralizma se u praksi i realizuje samo utoliko ukoliko članstvo ima odlučujuću ulogu u donošenju i sprovođenju odluka organizacije.

Suštinu demokratskog centralizma upravo i čini odlučujuća uloga članstva u delovanju organizacije. Ali odlučujuću ulogu u organizaciji avangarde član može da ostvaruje samo ako takvu ulogu i kao samoupravljač ostvaruje u društvu. Demokratski centralizam u organizaciji avangarde ima za pretpostavku demokratski centralizam u društvu. Kao što postoji u etatizmu, zakonita analogija između društvenih i unutarpartijskih odnosa postoji i u samoupravljanju.

Ova analogija se, međutim, često osporava, jer se demokratski centralizam shvata samo kao princip organizovanja avangarde, a negira kao princip organizovanja samoupravnog društva. Takav stav proističe, pre svega, iz metafizičkog suprotstavljanja centralizma i samoupravljanja. Ukoliko se samoupravljanje identifikuje sa decentralizacijom, dolazi se do pogrešnog zaključka da ono isključuje svaki centralizam.

Suštinu odnosa između centralizma i samoupravljanja naučno su razjasnili još klasici marksizma. Dovoljno je navesti samo Lenjina, koji u »Državi i revoluciji« dokazuje da je »moguć dobrovoljni centralizam, dobrovoljno udruživanje komuna u naciju« i da demokratski centralizam »nikako ne isključuje tako široko lokalno samoupravljanje, koje, pri dobrovoljnoj zaštiti jedinstva države od strane komuna i oblasti, bezuslovno odstranjuje svaki birokratizam i svako komandovanje odozgo«. Interpretirajući Marksa i Engelsa, Lenjin ubedljivo pokazuje da su oni »centralisti«, ali da demokratski centralizam »nipošto ne shvataju u birokratskom smislu«. U prilog tome Lenjin ističe da »Marks namerno upotrebljava izraz ,organizovati jedinstvo nacije`, da bi svesni, demokratski, proleterski centralizam suprotstavio buržoaskom, vojničkom, činovničkom«.[25]

Za klasike marksizma demokratski centralizam čini, prema tome, suštinu samoupravnog organizovanja društva. Za razliku od buržoaske države, gde se uspostavlja odozgo, to jest birokratski, u socijalističkoj državi centralizam se uspostavlja odozdo, to jest demokratski. U tome se i sastoji suštinska razlika između posredne, to jest formalne — buržoaske, i neposredne, to jest stvarne — socijalističke demokratije. Lenjin sasvim jasno razgraničava »demokratski centralizam od birokratskog centralizma, s jedne strane, i anarhizma, s druge strane«. Demokratski centralizam, po Lenjinu, »nikako ne isključuje već, naprotiv, pretpostavlja najpuniju slobodu različitih lokalnih zajednica i čak različitih opština države u pronalaženju raznovrsnih oblika i državnog, i društvenog, i ekonomskog života«.[26]

U osnovi metafizičkog suprotstavljanja demokratskog centralizma i samoupravljanja nalazi se grupnosvojinsko shvatanje društvenog vlasništva. Grupno vlasništvo, po svojoj prirodi, implicira decentralizovano upravljanje, tako da se jedinstvo društvene zajednice može uspostaviti samo putem državne prinude. Antagonizam između tako uspostavljenog centralizma i lokalne samouprave zaista je neizbežan.

Društveno vlasništvo podrazumeva, međutim, demokratsko jedinstvo društvene zajednice koje se uspostavlja dobrovoljnim, to jest samoupravnim udruživanjem lokalnih zajednica. Društveno vlasništvo ne može se ni zamisliti drugačije nego da svi radni ljudi neposredno upravljaju svim sredstvima društvene zajednice, a u tome se upravo i sastoji suština demokratskog centralizma. Demokratski centralizam u organizovanju društvene zajednice i može se uspostaviti samo na bazi društvenog vlasništva, a tako organizovana zajednica je u suštini samoupravna.

Kao oblik upravljanja, samoupravljanje podrazumeva obaveznost donesenih odluka, a to je bitno obeležje svakog, pa i demokratskog

---

[25] *Sočinenija*, izd. 4. tom 25, str. 401. i 419.
[26] Isto, tom 27, str. 180—181.

centralizma. Razlika je, međutim, u tome što demokratski centralizam, nasuprot birokratskom, podrazumeva neposredno učešće svih zainteresovanih subjekata u donošenju odluka. Time odlučivanje dobija karakter demokratskog dogovaranja, kojim se obezbeđuje stvarno pokoravanje manjine većini.

Na negiranju svakog pokoravanja često se zasniva negiranje i demokratskog centralizma u samoupravnom organizovanju društva. Pri tom se demokratski centralizam neosnovano izjednačava s pokoravanjem manjine većini. Međutim, pokoravanje manjine većini ne predstavlja suštinu demokratskog centralizma, iako je demokratski centralizam pretpostavka takvog pokoravanja.

Suštinu demokratskog centralizma čini neposredno učešće svih zainteresovanih subjekata u donošenju i sprovođenju zajedničkih odluka. Takav centralizam nikako ne isključuje opštu saglasnost, kojom se prevazilazi podela na većinu i manjinu, pa, samim tim, i bilo kakvo pokoravanje. Štaviše, opšta saglasnost upravo i označava do kraja ostvareni demokratski centralizam. Istina, do kraja ostvareni demokratski centralizam znači kraj svakom centralizmu, ali se takav društveni sistem koji će potpuno isključivati svaki centralizam može očekivati tek u razvijenom komunizmu.

Sve dok postoje klasne suprotnosti, pokoravanje jednog dela društva drugom je neminovno, inače se društvena zajednica ne bi mogla održati. Samoupravna demokratija, koju karakteriše pokoravanje manjine većini, označava samo put ka iščezavanju svakog pokoravanja, kao što samoupravljanje u celini označava prelaz iz klasnog u besklasno društvo. Samoupravljanje bez ikakvog pokoravanja predstavlja ne samo utopiju već i besmislicu, jer svako upravljanje već po svojoj prirodi podrazumeva nekakvo pokoravanje.

Sadašnja teorija i praksa su uveliko opterećene takvim utopističkim težnjama. Gotovo da preovlađuju shvatanja koja demokratski centralizam potpuno isključuju iz samoupravljanja, polazeći upravo od njegovog izjednačavanja s pokoravanjem manjine većini. Ako se, međutim, analiziraju ne samo stvarni odnosi već i njihovo normativno-samoupravno regulisanje, onda je očigledno da demokratski centralizam, čak i u smislu pokoravanja manjine većini, čini osnovu organizovanja i funkcionisanja samoupravnog sistema. Zaista bi predstavljalo veliku utopiju očekivanje da se u osnovnoj organizaciji udruženog rada i mesnoj zajednici, koje čine osnovu sistema, u svim pitanjima postiže apsolutna saglasnost. Zbor i referendum kao oblici neposrednog izjašnjavanja radnih ljudi, izgubili bi gotovo svaki značaj kad bi takva saglasnost bila uslov odlučivanja.

Po Ustavu SFRJ, čak se i u federaciji saglasnost svih republika i pokrajina traži samo za određena pitanja, ali saglasnost svih članica federacije ne podrazumeva i apsolutnu saglasnost svih pripadnika samoupravne federalne zajednice. Samoupravni sporazumi i društveni dogovori, za koje se traži dobrovoljni pristanak svih potpisnika, nisu uslovljeni apsolutnom saglasnošću svih učesnika sporazumevanja i dogovaranja. Ali, ukoliko se i postiže, opšta saglasnost nikako ne protivreči demokratskom centralizmu već, naprotiv, znači njegovu potvrdu. Polazeći od teze da »demokratija nije identična s pokoravanjem manjine većini«, Lenjin s pravom ističe da »demokratski centralizam uopšte ne isključuje autonomiju i federaciju«.[27]

Na osnovi izjednačavanja s pokoravanjem manjine većini, demokratski centralizam se često negira i kao princip organizovanja avangarde, jer se polazi od pretpostavke o slobodnom i potpuno samostalnom delovanju njenih članova u uslovima samoupravljanja. Ali kad bi takva identifikacija bila ispravna, ona bi značila da je već staljinizam ukinuo i demokratski i svaki drugi centralizam. Staljinizam je zaista ukinuo svaku podelu na većinu i manjinu, i ne samo u partijskom već i u državnom odlučivanju zaveo apsolutnu jednoglasnost. Štaviše, takva praksa najčešće nije nametana nekakvim pritiskom, nego je samim izborom kadrova unapred obezbeđivana.

Ali upravo sâm staljinizam predstavlja najbolju potvrdu da se potpuno jedinstvo avangarde ne može veštački uspostaviti i da takav pokušaj dovodi, u stvari, do još većeg razjedinjavanja. Apsolutna jednoglasnost, koju je staljinizam veštački zaveo, predstavljala je samo fasadu kojom su prikrivana i sasvim principijelna razilaženja. Pokušaji veštačkog uspostavljanja jedinstva mogli su se vršiti jedino posredstvom birokratskog centralizma, to jest ignorisanjem razlika i zaobilaženjem borbe mišljenja i slobodnog opredeljivanja.

Prema tome, teza o demokratskom centralizmu kao staljinističkom, ili uopšte centralističkom načinu organizovanja, neodrživa je čak i ako se on identifikuje s pokoravanjem manjine većini. Pokoravanje manjine većini ne može se uopšte ostvariti u uslovima centralističkog organizovanja, jer ono pretpostavlja neposredno odlučivanje, koje se vrši tek u samoupravnom društvu. To važi kako za društvene, tako i za unutarpartijske odnose. Analogija između društvenih i unutarpartijskih odnosa utoliko je veća u uslovima samoupravljanja, gde avangarda čini unutarnju snagu i integralni deo samoupravnog sistema.

Negiranje ove analogije nema gotovo nikakvog osnova. Ako se pokoravanje manjine isključi iz samoupravljanja, ono se utoliko pre

27) Isto, tom 25, str. 428. i tom 27, str. 181.

mora isključiti iz avangarde, u kojoj se ostvaruje veće idejno i političko jedinstvo. Štaviše, pod idealnom pretpostavkom da se pripadnici avangarde rukovode isključivo klasnim interesom, opšta saglasnost bi predstavljala pravilo u njihovom političkom dogovaranju i delovanju. Ali pošto avangarda, bez obzira na stepen idejne homogenosti, nije lišena unutarnjih protivrečnosti, opšta saglasnost njenih pripadnika može se ostvarivati samo ukoliko se prevazilaze klasne suprotnosti u društvu.

Razlika u organizovanju samoupravljanja i avangarde nije u samoj suštini, već u funkciji demokratskog centralizma. Dok se avangarda može i mora oslobađati članova koji ne stoje na pozicijama radničke klase, u društvu se takvi članovi samoupravne zajednice ne mogu isključiti iz samoupravljanja. Diktatura proletarijata mora se ostvarivati kroz pokoravanje manjine (koja se suprotstavlja interesima radničke klase) većini (koja te interese izražava), ali samoupravljanje podrazumeva da i manjina i većina ravnopravno učestvuju u odlučivanju. Takvo odlučivanje je uslov da se, diferenciranjem različitih interesa, većina i manjina uopšte izraze.

Za razliku od samoupravljanja, manjina koja se u avangardi formira na bazi suprotstavljanja njenim klasnim opredeljenjima gubi pravo opstanka u organizaciji, pa, samim tim, i pravo učešća u donošenju njenih odluka. To je jedna od osnovnih pretpostavki da avangarda deluje kao instrumenat diktature proletarijata i ima vodeću ulogu u njenom ostvarivanju. Zbog toga se funkcija demokratskog centralizma u organizovanju avangarde bitno razlikuje od njegove funkcije u organizovanju samoupravljanja.

Iz toga proističe bitna razlika i u odnosima između manjine i većine koje se formiraju u samoupravnom i partijskom organizovanju. Dok u samoupravnom organizovanju većina primorava manjinu na izvršavanje donesenih odluka, u partijskom organizovanju ona je potiskuje iz organizacije. U prvom slučaju većina ostvaruje diktaturu nad manjinom, u drugom se samo razilazi s njom.

Međutim i u samoupravnom i u partijskom organizovanju, pored manjine koja se principijelno razilazi s većinom, formira se od slučaja do slučaja i manjina koja se od većine razlikuje samo po stepenu progresivnosti, odnosno po konkretnim rešenjima za ostvarivanje istog klasnog interesa. Takva manjina može biti i progresivnija od većine i doslednije od nje izražavati klasni interes. Zbog toga ispoljavanje razlika u granicama istih klasnih opredeljenja ne samo što ne smeta ostvarivanju vodeće uloge avangarde već, naprotiv, čini neizostavnu pretpostavku za to.

Bez obzira na stepen razilaženja, manjina se u uslovima samoupravljanja ni u društvu ni u avangardi ne može konstituisati u frakciju. Ako svi članovi samoupravne zajednice neposredno odlučuju o zajedničkim interesima, manjina nije u mogućnosti da realizuje svoje stavove dok ih ne prihvati većina. Zbog toga je manjina objektivno prinuđena da se, umesto suprotstavljanja većini, demokratskim putem bori za pridobijanje većine, ili da sama odustaje od svojih stavova.

Kao princip koji obezbeđuje dominaciju većine, demokratski centralizam je najveća brana i frakcionaštvu i reprodukovanju višepartijskog sistema. A ukoliko obezbeđuje dominaciju većine, on time omogućuje i društvenu dominaciju radničke klase. U tom smislu demokratski centralizam predstavlja autentični način konstituisanja samoupravljanja kao neposredne vlasti radničke klase, ali i organizovanja avangarde u uslovima ostvarivanja takve vlasti.

Demokratski centralizam u organizovanju avangarde najčešće se dovodi u pitanje kad je reč o delovanju u federaciji. Pri tom se opet polazi od njegovog izjednačavanja s pokoravanjem manjine većini, da bi se došlo do stavova o neprihvatljivosti nadglasavanja i majorizacije u odnosima između nacionalnih odnosno republičkih organizacija avangarde. Do takvog zaključivanja dolazi se samo kad se demokratskom centralizmu pristupa formalno-demokratski, to jest nezavisno od njegove klasne suštine.

Ako se pođe od toga da je osnovna funkcija demokratskog centralizma da se demokratskim putem izrazi zajednički odnosno jedinstveni klasni interes, onda se pri ispravnom zaključivanju ne može doći do zaključka o neizbežnosti majorizacije. Pod pretpostavkom da se pripadnici avangarde u političkom opredeljivanju rukovode isključivo klasnim interesom, opšta saglasnost je moguća čak i u osnovnoj organizaciji. Utoliko pre bi se takva saglasnost morala postizati u širim organizacijama.

U praksi je do razilaženja republičkih organizacija SK dolazilo uglavnom kad zajednički interesi radničke klase nisu objektivno i do kraja sagledavani, ili kad su nacionalni interesi pojedinih delova klase izjednačavani s interesima birokratskih odnosno nacionalističkih grupa. Do toga je moglo dolaziti upravo zbog toga što u definisanju zajedničkih interesa radničke klase nije neposredno učestvovalo samo članstvo, i što je, s obzirom na to, demokratski centralizam formalno primenjivan. Otuda je pod razilaženjem organizacija podrazumevano, u stvari, razilaženje njihovih rukovodstava.

Istina, s obzirom na to da su interesi radničke klase i sâmi u sebi protivrečni, moguće je da do razilaženja nacionalnih organizacija dolazi i kad se demokratski centralizam faktički primenjuje. Ali avangarda je, već po svojoj funkciji, pozvana da, uzdižući se iznad tih protivrečnosti, traži najprogresivnija rešenja za njihovo prevazilaženje na liniji ostvarivanja opšteg, to jest zajedničkog interesa klase. Ukoliko dođe do ugrožavanja interesa jednog dela klase od strane ostalih delova, to samo može značiti da nije pronađeno pravo rešenje za realizaciju *zajedničkog* interesa.

Zbog toga je neophodno da se u federaciji postiže saglasnost svih nacionalnih organizacija, ali se ostvarivanje zajedničkog interesa radničke klase može obezbediti jedino ako u tome sama klasa, odnosno celokupno članstvo avangarde, neposredno učestvuje. A neposredno učešće članstva u iznalaženju i ostvarivanju zajedničkog interesa klase ne može se vršiti drugačije nego putem demokratskog centralizma. Zajednički interes izražava se zajedničkim stavom, do kojeg, se dolazi posredstvom demokratske konfrontacije i selekcije različitih mišljenja.

Demokratski centralizam je, prema tome, princip ukupnog organizovanja i delovanja avangarde u uslovima samoupravljanja. On podrazumeva da se celokupno članstvo javlja kao neposredni nosilac kontinuiteta i jedinstva političke akcije. Zbog toga na njemu mora da se zasniva ceo tok političke akcije — od pokretanja inicijativa do realizacije usvojenih stavova.

To pokazuje koliko je neosnovano metafizičko podvajanje demokratije i centralizma u smislu vezivanja demokratije samo za donošenje a centralizma samo za sprovođenje odluka. Demokratija, već sama po sebi, podrazumeva demokratski centralizam, jer predstavlja oblik *vlasti* koja se ne može ostvarivati bez ikakvog centralizma. S druge strane, i demokratski centralizam, već po svom pojmu, podrazumeva demokratiju, jer predstavlja upravo *demokratski* oblik centralizma. Zbog toga demokratije ne može biti bez demokratskog centralizma, ni demokratskog centralizma bez demokratije.

Ova veza ni u kom slučaju nije mehanička, već organska u tom smislu što demokratija i centralizam čine nerazdvojne strane demokratskog centralizma. Demokratski centralizam je, u stvari, dijalektičko jedinstvo centralizma i demokratije koji se ni prostorno ni vremenski ne mogu razdvajati. Ukoliko se demokratski centralizam zaista primenjuje, demokratija se podjednako javlja u sprovođenju, kao što se centralizam javlja u donošenju odluka.

Veštačko razdvajanje centralizma i demokratije potiče otuda što se demokratski centralizam ne vezuje samo za organizovanje političke akcije već i za način mišljenja. Pokušaj takve apsolutizacije demokratskog centralizma izvršio je staljinizam, pretvorivši ga time u njegovu suprotnost. Staljinizam je nastojao da podjednako centralizuje mišljenje i političku akciju. Rezultat takvih nastojanja bila je uzurpacija ne samo demokratskih prava već i mišljenja, uključujući i fizičku likvidaciju.

Veštačko razdvajanje centralizma i demokratije, da bi se centralizam potisnuo iz sfere mišljenja, nastalo je kao svojevrsna kontrareakcija na staljinizam. Pri tom je demokratija pogrešno izjednačena s demokratskim odlučivanjem, a ovo sa slobodnom razmenom mišljenja. Time je s demokratskim centralizmom negirana istovremeno i sama demokratija.

Nikakav centralizam, pa ni demokratski, ne može predstavljati način mišljenja, iz prostog razloga što se mišljenje po svojoj prirodi ne može centralizovati. Jedinstvo mišljenja ostvaruje se na bazi prirodne podudarnosti interesa i stepena saznanja, a ne može se uspostaviti nikakvim, demokratskim ili nedemokratskim,»svođenjem« na istu misao. Veštačko ukidanje razlika u mišljenju značilo bi ukidanje i demokratije i demokratskog centralizma.

Demokratski centralizam nije princip mišljenja već princip akcije, i to *političke* akcije. Demokratija pretpostavlja slobodu mišljenja, ali sloboda mišljenja nije demokratija. Demokratija počinje konfrontacijom mišljenja radi utvrđivanja zajedničkog stava, bez kojeg nema zajedničke akcije. Konfrontacija mišljenja sama za sebe, ili kao cilj za sebe, još ne predstavlja demokratiju.

Do zajedničkog stava može se doći selekcijom, odnosno izborom mišljenja za koje se opredeli većina učesnika u odlučivanju, ili sintezom sličnih mišljenja, a moguća je i kombinacija ovih metoda. Nije isključeno da u procesu konstituisanja zajedničkog stava određena mišljenja potpuno otpadnu, kao i da, nasuprot tome, dođe do opšte podudarnosti mišljenja. Konstituisanjem zajedničkog stava utvrđuje se platforma zajedničkog delovanja, ali se razlika mišljenja ne ukida. Zadržavanjem razlika zadržava se mogućnost revizije zajedničkog stava, ali i mogućnost progresa.

U iznalaženju zajedničkog stava, bez obzira na razlike u mišljenjima, upravo se i ogleda centralizam u procesu demokratskog odlučivanja. Samo traženje zajedničkog stava ne spada u sferu čistog mišljenja, već u sferu političke akcije. U demokratskoj organizaciji politička akcija u stvari i počinje traženjem zajedničkog stava. Kad u društvu potpuno iščeznu klasne suprotnosti, nestaće potreba za političkom akcijom, a time i za demokratijom odnosno demokratskim centralizmom. Zajedništvo će se tada javljati kao rezultat prirodne jedinstvenosti društvenih interesa, zasnovane na potpuno ostvarenom društvenom vlasništvu.

Sve dok se u društvu zadržavaju klasne suprotnosti, zadržava se i mogućnost da zajednički stavovi izražavaju samo mišljenje većine i da, s obzirom na to, čak i protivreče mišljenjima manjine. Zajedništvo je, dakle, u uslovima samoupravljanja još uvek relativno jer se, po pravilu, javlja kao stvarno zajedništvo većine, iako je u smislu ravnopravnog učešća u odlučivanju već zajedništvo svih. Zbog toga je neizbežno i stvarno pokoravanje manjine većini u procesu ostvarivanja zajedničkih odluka.

Demokratski centralizam se u sprovođenju zajedničkih odluka ne svodi, međutim, na pokoravanje manjine većini. Zajedničke odluke su za sve podjednako obavezne i u odgovornosti za njihovo sprovođenje svi su ravnopravni, kao što su ravnopravni i u njihovom donošenju. Ova obaveznost čini bitno obeležje centralizma, ali ona je istovremeno i bitno obeležje demokratije. Bez obaveznosti zajedničkih odluka demokratsko dogovaranje bi izgubilo svaki smisao.

Demokratski i birokratski centralizam bitno se razlikuju ne samo po načinu odlučivanja, već i po načinu sprovođenja odluka. Pri birokratskom centralizmu donosioci odluka su u pogledu odgovornosti za njihovo sprovođenje u povlašćenom položaju, jer i o sankcijama sami odlučuju. Sprovođenje odluka od strane njihovih donosilaca praktično je dobrovoljno, nasuprot gotovo slepom izvršavanju od strane onih koji u odlučivanju ne učestvuju. Ovakva dobrovoljnost se ponekad bukvalno prenosi i na demokratiju, ali pošto ovde svi učestvuju u odlučivanju, demokratija se time faktički izjednačuje s anarhijom. Ukidanjem obaveznog sprovođenja odluka automatski bi se ukinula i demokratija.

Demokratska odgovornost za sprovođenje odluka se, međutim, bitno razlikuje od birokratske. Birokratska odgovornost je odgovornost izvršilaca prema donosiocima odluka, pri čemu su izvršioci i donosioci različiti subjekti. Nasuprot tome, demokratski način organizovanja podrazumeva da su donosioci i izvršioci odluka isti subjekti, zbog čega se odgovornost ovde javlja kao odgovornost svakog pred svakim, odnosno pred celom organizacijom.

Demokratičnost u sprovođenju zajedničkih odluka ne ogleda se, međutim, samo u demokratskom karakteru odgovornosti. Pošto se na svim nivoima demokratskog organizovanja odlučuje samo o zajedničkim interesima i zajedničkom delovanju, svaka organizacija, a u organizaciji svaki član, moraju samostalno sprovoditi zajedničke odluke. I u tome se demokratski centralizam bitno razlikuje od birokratskog, gde je samostalnost člana i organizacije svedena na sprovođenje direktiva.

Dileme u vezi sa sprovođenjem demokratskih odluka najčešće potiču otuda što se akcija ne razgraničava od mišljenja. Zbog toga se uvek iznova postavlja pitanje da li manjina može i posle donošenja odluke da se zalaže za svoje mišljenje. Sa praktično političkog stanovišta takvo pitanje je tim opravdanije što staljinizam na njega daje kategorički negativan odgovor.

S obzirom na to da sloboda mišljenja čini bitnu pretpostavku demokratije, sasvim je prirodno da u uslovima demokratskog organizovanja svako svoje mišljenje slobodno iznosi, bez obzira na stepen podudarnosti s usvojenim odlukama. Ukoliko ne prerasta u kontraakciju, drugačije mišljenje samo po sebi ne znači suprotstavljanje usvojenim odlukama. Štaviše, objektivno je sasvim moguće da se važeće odluke dosledno sprovode i uz istovremeno zalaganje za njihovu izmenu.

Istina, takvo ponašanje je protivrečno, ali ono predstavlja samo poseban vid ispoljavanja prirodne protivrečnosti koja postoji između mišljenja i akcije. Pri birokratskom centralizmu slobodno ispoljavanje ove protivrečnosti se prigušuje da bi se obezbedio monopol na odlučivanje; pri demokratskom organizovanju ono je neophodno upravo zato da bi se takav monopol onemogućio. Sloboda mišljenja, u stvari, zakonito prati slobodu odlučivanja. Subjekt odlučivanja je uvek slobodan da se kritički odnosi prema odlukama koje je doneo. Sloboda koju u tom pogledu pri birokratskom odlučivanju prisvajaju uže grupe i pojedinci, to jest manjina, pri demokratskom odlučivanju pripada svima.

Sloboda javnog mišljenja nije, međutim, ni pri demokratskom odlučivanju apsolutna, kao što nije apsolutno slobodno ni samo odlučivanje. Dok postoje klasne suprotnosti, u društvu je neizbežna klasna borba, u kojoj se, pored ograničavanja slobode odlučivanja, ograničava i sloboda mišljenja. Karakter i stepen ovog ograničavanja određen je odnosom snaga koje su u međusobnom sukobu, zbog čega je potpunu slobodu praktično nemoguće unapred i automatski obezbediti bilo kakvim normama. Zato je gotovo bespredmetno pitanje da li socijalistička demokratija pruža punu slobodu za sve članove samoupravne zajednice.

Sloboda znači pre svega mogućnost ostvarivanja određenih interesa, a ako su interesi divergentni objektivno se ne mogu svi ostvariti. Potiskivanje jednih interesa za račun drugih je zbog toga neminovno, a ono već samo po sebi znači odgovarajuće ograničavanje društvene slobode. Razlika između tipično klasnog i socijalističkog društva je u tome što prvo ograničava slobodu eksploatatorskih klasa, dok drugo ukida eksploataciju u interesu eksploatisanih.

Za eksploatatore društvena sloboda znači pre svega slobodu eksploatacije, koja već sama po sebi ograničava slobodu eksploatisanih. Sloboda za jedne predstavlja, u tom smislu, odsustvo slobode za druge. Zbog toga se potpuna društvena sloboda ne može ostvariti bez ukidanja slobode jednog dela društva da uzurpira slobodu drugog dela društva. Slobode rada ne može biti tamo gde postoji sloboda eksploatacije. Socijalistička demokratija još ne znači potpunu društvenu slobodu, ali je ona jedini pravi put do takve slobode. Kao način ostvarivanja socijalističke demokratije, demokratski centralizam obezbeđuje ukidanje slobode eksploatacije u interesu slobode rada. On omogućava da se, pokoravanjem manjine većini, u tom cilju ostvaruje diktatura rada nad diktaturom eksploatacije.

Diktatura proletarijata nije, međutim, identična s pokoravanjem manjine većini. Manjina se može opredeljivati i za eksploataciju i protiv eksploatacije. Ona, prema tome, može biti i konzervativna i progresivna, pa i konzervativnija i progresivnija od većine. Ova relativnost je pri neposrednoj demokratiji tim veća što ovde nema konstantne granice između manjine i većine, jer manjina stalno prerasta u većinu, i obratno.

Pozicije progresivne i konzervativne manjine u odnosu na diktaturu proletarijata su, bez obzira na podjednaku obaveznost demokratskih odluka, i upravo zahvaljujući takvoj obaveznosti, dijametralno suprotne. Ukoliko većina stvarno izražava interes radničke klase, njen odnos prema manjini predstavlja diktaturu samo u slučaju kad ova nastupa sa suprotnih pozicija. U partiji se ova diktatura svodi na odstranjivanje iz organizacije, dok u samoupravnoj zajednici znači potiskivanje interesa suprotnih interesima većine, odnosno ukidanje mogućnosti za njihovo ostvarivanje.

Nasuprot tome, za manjinu koja nastupa s istih klasnih pozicija kao većina, sprovođenje demokratskih odluka znači samo odricanje od vlastitih rešenja za ostvarenje u osnovi istih ciljeva. Ako se takva manjina zalagala za manje progresivna rešenja od onih koja su usvojena, prirodno je da se ona sama odriče svojih predloga i dobrovoljno pristupa ostvarivanju zajedničkih odluka. Ostvarivanje usvojenih odluka i za progresivniju manjinu znači korak bliže realizaciji ciljeva za koje se i sama bori. Štaviše, ono može predstavljati i preduslov za konačno prihvatanje od strane većine progresivnijih rešenja za koja se zalaže manjina.

To ukazuje na neosnovanost mišljenja da demokratski centralizam sputava delovanje najprogresivnijih snaga, odnosno da stavlja u istu poziciju i progresivnu i konzervativnu manjinu. Pri demokratskom odlučivanju stav svakog pojedinca može postati odluka cele organizacije, ali nikakva manjina ne može svoj stav pretvoriti u punovažnu odluku bez dobrovoljne saglasnosti većine. Prirodno je da većina radnih ljudi, s obzirom na vlastiti interes za oslobođenje rada, dobrovoljno prihvata progresivne stavove i angažuje se u njihovom ostvarivanju. To upravo i otvara široke mogućnosti za društvenu afirmaciju progresivnih ideja i njihovo prerastanje u revolucionarnu akciju.

Zahvaljujući tome, demokratski centralizam i predstavlja autentični način ostvarivanja neposredne diktature proletarijata. Samoupravljanje, kao permanentna revolucija, podrazumeva stvaralačku mobilizaciju svih progresivnih snaga društva, koju može obezbediti samo neposredna demokratija. I u organizovanju avangarde demokratski centralizam treba pre svega da obezbedi akciono povezivanje i jedinstveno delovanje najprogresivnijih snaga u borbi za samoupravljanje.

ZAKLJUČNI REZIME

Već dosadašnji razvoj samoupravljanja pokazuje da ono ne predstavlja neki specifičan jugoslovenski put, već suštinu socijalizma kao prelazne epohe iz klasnog u besklasno društvo. Samoupravljanje se razvija u svetski sistem, koji sve više probija krhku ljušturu klasnog društva. Gotovo je evidentno da izdanci novog sistema najpre izbijaju na najslabijim punktovima starog društva, upravo zbog toga što ono ne može naći pravi izlaz iz vlastitih kriza, koje na takvim punktovima najpre prerastaju u društvene erupcije.

Samoupravljanje se rađa iz »utrobe« klasnog društva i zbog toga neizbežno nosi određena klasna obeležja. Ono u suštini znači diktaturu proletarijata, čiji je osnovni cilj ukidanje klasne diktature uopšte. To podrazumeva da se u samoupravnom društvu još vodi klasna borba, koja traje do potpunog prevazilaženja klasnih suprotnosti. Da bi se ostvarili istorijski ciljevi radničke klase, sve socijalističke snage moraju u ovoj borbi nastupati kao jedinstven pokret.

Već iz toga proističe potreba za avangardom kao pokretačkom i usmeravajućom snagom samoupravnog pokreta. S obzirom na klasni karakter pokreta, avangarda mora ostati vodeća snaga *radničke klase* i u svom delovanju mora se rukovoditi njenim interesima. Kao diktatura proletarijata, samoupravljanje znači permanentnu revoluciju kojom se ukidaju svi klasni odnosi. Zbog toga, avangarda može ostvarivati svoju ulogu u samoupravnom društvu samo ako stalno deluje kao *revolucionarna* snaga. Takvo njeno delovanje je uslov da se samoupravljanje ostvaruje kao permanentna revolucija.

Suštinu razvoja samoupravljanja čini razvoj socijalističkih produkcionih odnosa, koji podrazumevaju neposredno odlučivanje proizvođača o uslovima, sredstvima i rezultatima vlastitog rada. Takvi odnosi mogu se razvijati samo organizovanom akcijom svih članova samoupravne zajednice, jer je samoupravno organizovani proizvođač glavna proizvodna snaga socijalističkog društva. Da bi ostvarivala vodeću ulogu, avangarda mora da deluje kao imanentna snaga produkcionog odnosa, a to znači kao unutarnji faktor samoupravne zajednice. Takvo delovanje podrazumeva masovni idejno-politički uticaj, za koji je potrebno da *celokupno* članstvo avangarde, i po klasnoj svesti i po sposobnostima za idejno-političko delovanje, prednjači u odnosu na ostale članove samoupravne zajednice. To zahteva krupne promene u socijalnom sastavu i društveno-političkom obrazovanju članstva avangarde. Glavne rezerve za obnavljanje svog sastava avangarda mora da traži u najkreativnijim delovima radničke klase, koji su objektivno najviše zainteresovani za oslobođenje rada. Ali bez obzira na stepen zainteresovanosti za ostvarivanje socijalističkih ciljeva neophodno je da se, putem praktično-političke akcije i društveno-političkog obrazovanja, *svaki* član avangarde osposobljava za revolucionarno delovanje, jer to je uslov da organizacija u celini deluje kao revolucionarna snaga.

Suštinu revolucionarnog delovanja avangarde čini borba za dosledno ostvarivanje istorijskih interesa radničke klase. Ukoliko se ovi interesi podudaraju s interesima većine društva, revolucija može putem samoupravne demokratije da se ostvaruje neposrednom akcijom cele klase, odnosno svih socijalističkih snaga. Za to je potrebno da se ove snage i politički organizuju i deluju kao jedinstven front u borbi za interese klase. Avangarda se ne može postavljati ni iznad ni naspram ovog fronta, već mora unutar njega delovati kao integrativna i usmeravajuća snaga.

Jedinstveni front socijalističkih snaga može ostvarivati revolucionarnu ulogu samo ako se demokratski organizuje, to jest ako sve socijalističke snage neposredno i ravnopravno učestvuju u revolucionarnim akcijama. To podrazumeva da se na sličan način organizuje i avangarda, koja okuplja najrevolucionarnije snage u socijalističkom frontu. Svaki član avangarde mora delovati kao celovit politički subjekt koji u sebi sjedinjuje sve funkcije koje ostvaruje i organizacija u celini.

To podrazumeva da se avangarda, shodno uslovima delovanja, organizuje na principu demokratskog centralizma. Suštinu ovog principa čini neposredno i aktivno učešće članstva u stvaranju i ostvarivanju stavova organizacije, to jest u svim fazama njenog delovanja. Takvo delovanje avangarde je i moguće tek u samoupravljanju, u kojem svi članovi društvene zajednice neposredno i ravnopravno odlučuju o zajedničkim interesima.

Demokratski centralizam je autentični način ostvarivanja diktature proletarijata u uslovima samoupravljanja, koji obezbeđuje da se interesi klase ostvaruju ravnopravnim dogovaranjem svih članova društvene zajednice. Na toj osnovi uspostavlja se jedinstvo samoupravnog sistema u kojem se radnička klasa javlja kao neposredni nosilac vlasti samo radi toga da bi ukinula svaku vlast. Analogno tome, i jedinstvo avangarde se uspostavlja na bazi izražavanja klasnog interesa neposrednim i ravnopravnim dogovaranjem svih članova o zajedničkim akcijama.

Jedinstvo organizovanja avangarde i samoupravljanja proističe iz jedinstvenog klasnog interesa za koji se bori samoupravni pokret, čiji je avangarda najrevolucionarniji deo. Osnovni cilj samoupravnog pokreta je borba za potpuno oslobođenje rada, a avangarda je pozvana da se doslednije i odlučnije od svih bori za njegovo ostvarenje. Oslobođenje rada jedini je put za prevazilaženje klasnih suprotnosti, koji sve stvaralačke snage društva povezuje u borbu protiv klasne diktature i eksploatacije.

U samoupravljanju se avangarda oslobađa posredničke uloge u vršenju vlasti, čime se objektivno proširuju njene mogućnosti za revolucionarno idejno-političko delovanje. U stvari, avangarda tek u samoupravljanju postaje ono što po definiciji i treba da bude — vodeća idejno-politička snaga socijalističke revolucije, koja deluje sve dok revolucija traje, to jest do potpunog oslobođenja rada. Ali, time ona istovremeno sve više gubi obeležja klasične partije, jer se iz zastupnika interesa jedne klase sve više pretvara u organizaciju koja se bori za ostvarivanje interesa celog društva, to jest zajedničkih interesa svih članova samoupravne zajednice.

Avangarda, međutim, time ne napušta svoju klasnu poziciju. Ona se za interese celog društva bori samo utoliko ukoliko oni postaju identični s interesima radničke klase, to jest ukoliko se interesi radničke klase ispoljavaju kao zajednički interesi svih, ili bar većine, članova samoupravne zajednice. To u stvari znači da avangarda odumire kao partija samo onoliko koliko i radnička klasa odumire kao klasa.

Problem odumiranja klase i partije ne rešava se institucionalnim promenama, mada one moraju biti u funkciji tog procesa. Tempo prevazilaženja klasnih suprotnosti i na njima zasnovanih potreba za odgovarajućim oblicima klasnog organizovanja određen je u osnovi razvojem socijalističkih produkcionih odnosa. Potpuni nestanak klasa i klasnog organizovanja moguć je tek kad se ostvari slobodno raspolaganje sredstvima proizvodnje i na njemu zasnovana puna sloboda rada. Samoupravljanje je pravi put do tog cilja, koji se može dostići samo revolucionarnom akcijom svih socijalističkih snaga predvođenih njihovim najrevolucionarnijim delom.

SADRŽAJ

Uvod 5

I   Objektivna uslovljenost samoupravljanja i uloga avangarde u
      njegovom nastajanju 9

II   Uloga avangarde u razvoju samoupravljanja 15

III   Samoupravljanje i način delovanja avangarde 29

IV   Interesi klase i avangarda 38

V   Samoupravljanje i promene u svesti avangarde 49

VI   Samoupravljanje i društveno-političko obrazovanje avangarde   58

VII   Promene u praktično-političkom delovanju avangarde 66

VIII Promene u odlučivanju i sprovođenju odluka avangarde 82

IX   Promene u organizovanju avangarde 94

X   Samoupravljanje i demokratski centralizam u organizovanju
      i delovanju avangarde 108

Zaključni rezime 121